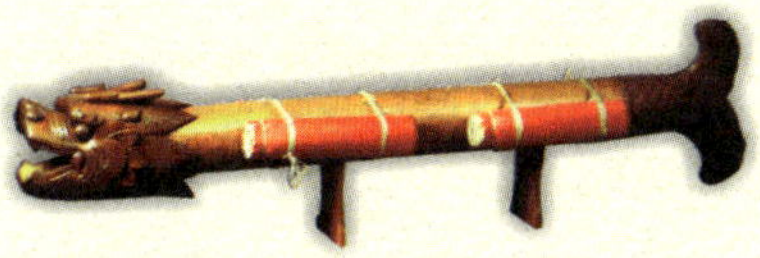

图说 中国古代 兵器与兵书

Illustrated History of Weapons and
War-art Books in Ancient China

编 著 杜文玉 王 颜
      刘 鹏 魏顺兰

世界图书出版公司
西安 北京 广州 上海

图书在版编目（CIP）数据

图说中国古代兵器与兵书/杜文玉等编著．—2版．—西安：世界图书出版西安有限公司，2017.7（2019.4重印）
ISBN 978-7-5192-2555-1

Ⅰ．①图… Ⅱ．①杜… Ⅲ．①兵器（考古）—中国—图解 ②兵法—中国—古代—图解 Ⅳ．① K875.8-64 ② E892.2-64

中国版本图书馆CIP数据核字（2017）第103766号

书　　名	图说中国古代兵器与兵书
	Tushuo Zhongguo Gudai Bingqi yu Bingshu
编　　著	杜文玉　王颜　刘鹏　魏顺兰
责任编辑	冀彩霞
出版发行	世界图书出版西安有限公司
地　　址	西安市北大街85号
邮政编码	710003
电　　话	029-87233647（市场营销部）
	029-87235105（总编室）
传　　真	029-87279675
经　　销	全国各地新华书店
印　　刷	陕西金和印务有限公司
开　　本	787mm×1092mm　1/16
印　　张	13
字　　数	200千字
图　　片	500幅
版　　次	2017年7月第2版　2019年4月第7次印刷
书　　号	ISBN 978-7-5192-2555-1
定　　价	66.00元

☆如有印装错误，请寄回本公司更换☆

出版前言

　　中华民族有着悠久的历史文化传统，在军事领域里的辉煌成就更是举世瞩目，曾在世界上产生了巨大的影响。中国古代在军事理论与兵器制造方面的成就既是我国古老历史的重要组成部分，也是一笔弥足珍贵的文化遗产。因此，如何宣传我国在军事领域所取得的伟大成就，弘扬爱国主义和增强中华民族的自豪感，遂成为每一个历史研究者必须承担起来的责任。《图说中国古代兵器与兵书》便是在这方面所做的一个大胆的尝试。

　　我国古代在兵器制造方面的成就是我们祖先智慧的结晶，也是我国古代科学技术水平高度发展的结果，其中所采用的许多先进生产技术都比世界其他国家或民族领先很多年。我们中华民族又是一个思想开放且勤于学习的民族，对于其他民族所创造的文明成果，我们都能认真地对待，加以吸收并使之成为自己的东西，从而进一步地促进了我国兵器制造水平的提高，尤其是火药与罗盘在军事上的率先使用，对世界科学的贡献是不言而喻的，它不仅促进了世界军事的飞速发展，而且在世界的火器发展史和军事技术发展史上写下了光辉的一页。我国古代在军事领域所取得的这些成就，得到了世界各国军事研究者的高度评价。我国古代以《孙子兵法》为代表的兵学著作，更是在世界各国产生了广泛的影响，不仅被翻译成许多国家的文字出版，而且还作为不少国家军事院校的教科书，成为军官的必读之书。

　　正因为如此，对我国古代兵器与兵书的研究历来受到学术界的重视，目前已取得了不少的成果，但是如何使这些研究成果为广大人民群众所了解与接受，进而达到知识普及、教育群众、激发民族自信心的效果，却是一个需要认真思考与解决的问题。《图说中国古代兵器与兵书》一书特点鲜明。首先，形成较新颖。该书在全面、系统地介绍我国古代兵器和兵书知识的同时，还附有大量的图片，力争做到图文并茂，使广大读者能够更直观地了解这些知识，从而避免了单纯文字介绍的弊病。其次，文字简洁、语言通俗易懂。第三，图片比较丰富。在图片的选择上，尽量选用比较精美的图像资料，很多图片资料还是第一次面世，极其珍贵。总之，该书内容丰富，图文并茂，表现形式主动活泼，语言通俗易懂，适合广大读者学习、研究和收藏。

世界图书出版西安有限公司

目 录

第一章　中国古代兵器与兵书总述

第二章　防护类装备

先秦时期的甲胄　8
秦汉时期的甲胄　12
魏晋南北朝隋唐时期的甲胄　17
宋辽金元时期的甲胄　25
明清时期的甲胄与军服　33
历代的盾牌　42

第三章　冷兵器时代的各类兵器

防身用的短兵器　48

搏击用的短兵器　54
搏击用的长兵器　61
弓箭、弩与抛石机　81
攻守城的各类器械　90
障碍类器械　97

第四章　战车、骑兵与战船

历代战车　102
战马与骑兵　111
各类木质战船　125
各类钢铁战船　133

第五章　古代各类火器

火铳与鸟枪　140
火箭与火炮　147
地雷与水雷　157
其他火器　161

第六章　历代兵书概说

先秦时期的兵书　166
秦汉至隋唐时期的兵书　176
宋元以来的兵书　183
外国兵书的引进　194

参考书目

后　记

第一章
中国古代兵器与兵书总述

我国古代在军事领域内所取得的辉煌成就，是中华民族对世界的重要贡献之一，尤其是在兵器制造技术和军事理论方面的许多创新，曾经在全世界产生过深远的影响，是我国珍贵的文化遗产之一。从原始社会的石质与竹木质武器，到宋元明时期火器的制造，在长达数十万年的历史进程中，我国始终保持着世界领先的水平。除此之外，我国在兵器的使用和战法的创新方面，也有许多突出的贡献，无论是在战略、战术、决策、指挥、统筹等方面，还是在军队管理、训练、后勤供给方面，都积累了丰富的经验，并加以总结，使之上升到军事理论的高度。这些理论直到今日仍具有非常强大的生命力，引起了世界各国的高度重视，成为人类文化遗产的重要组成部分。

中国古代兵器与兵书总述

兵器的起源与原始人类的生产活动有着密切的关系，原始人类为了自身生存的需要，必须要制造一些简单的生产工具。早在五六十万年以前，我们的祖先就知道用一块石头去砸碎另一块石头，从中选出带有锋利边缘的石头去砍斫树枝，这样就造出了我国第一批石器和木器。原始人类以粗陋的原始木石为工具，采集果实和猎取鸟兽作为生活资料，也以这些原始工具作为抵御猛兽侵袭的兵器，这时的工具和兵器实为一体。人们出于生存需要而本能地使用这些原始工具，而这些原始工具的式样，正是后世某些兵器形制的胚胎，其使用方法孕育着兵械格斗技术的因素。

我国原始社会的兵器主要是石兵器，当然也有竹木兵器。生活在距今五六十万年前的北京猿人，采集石英岩和砂岩，也有少量的燧石和水晶，经过初步的打砸加工后，制成了带锋利边缘或锐利锋矢的石器。他们除了使用这些兵器进行生产劳动外，也作为防身的武器。到了旧石器时代晚期，

河姆渡文化燧石器

新石器石刀

新石器时期的靴形石刀

新石器时代的陶制石钺复原模型

人们在木棒顶端绑上经过加工的石器，制成了石矛、石斧、标枪等，并且还发明了弓箭。弓箭是经过长期的经验积累和较发达的智力才发明出来的，具有划时代的意义，它的出现极大地改善了人类的生存条件，可以捕获更多的猎物。在新石器时代，人们开始使用磨制的兵器，经过精细磨制的石斧、石刀、石矛、石戈和骨制的标枪，成为人们发展生产的得力工具。在原始社会末期，随着生产力的发展，出现了私有财产，并发生了掠夺奴隶和财富的战争，于是这些工具便成为与邻部落进行战争的兵器。至此，兵器便从生产工具中独立出来，成为战争专用的特殊工具。我国古籍和神话传说中所说的"蚩尤造五兵"和神农氏炎帝发明兵器的说法，便是这一历史时期社会现状的具体反映。

我国古代兵器的发展，大致可以分为四个阶段：石制兵器、青铜兵器、铁制兵器和古代火器阶段。

石制兵器阶段可以分为砸制和磨制两个阶段，在这个阶段的兵器与生产工具并无明显的界线，它们既是劳动工具，又是防身的武器。我国的青铜兵器阶段应是从公元前21世纪的夏代开始的，从截至目前考古出土的文物来看，青铜已经被用来制造兵器了。所谓青铜就是指红铜与锡的合金，因为这种金属呈青灰色或青绿色，故用其制造的兵器称之为青铜兵器。青铜兵器历经夏、商、周、春秋、战国等历史阶段，历时最为长久。铁制兵器最早是从战国时期开始的，但是铁制兵器在这个时期并没有完全取代青铜兵器，直到西汉初期青铜兵器才开始逐渐被铁制兵器取代。准确地说在汉武帝统治时期，铁制兵器才基本取代了青铜兵器。

我国古代火器时代的到来也比较早。随着火药的发明，在唐朝末期就已经开始在战争中利用火药来焚烧对方了。到了北

河姆渡文化木箭头

商代人面铜钺

东汉百炼精钢刀

良渚文化石钺

良渚文化玉钺

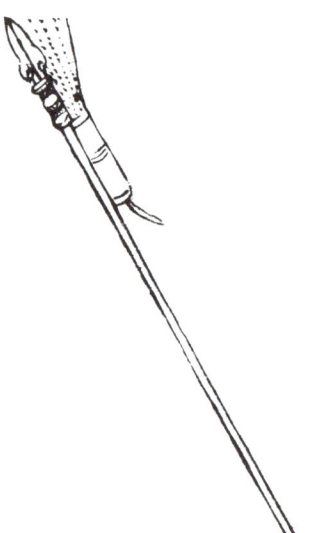
《武备志》所载的梨花枪图

《武经总要》所载的鸟铳

宋时期，火器的发展很快，形形色色的火药武器相继问世，而且还出现了论述兵器制造的著作——《武经总要》，其中就记载了多种火器的制造方法和各种特殊火药的配方。火器经过南宋、元朝、明朝等历史时期，我国的火器制造水平得到了很大提高，许多火器的制造都在世界上保持领先水平。但是从清代开始，我国科学技术发展停滞不前，火器制造仍然停留在鸟枪、火炮、喷筒的水平上，无论是火器的口径还是射程，都已经大大落后于西方。直到鸦片战争后，才开始重视对西方先进火器的引进，并创办了近代军事工业，制造近代枪炮。

随着人类社会的进步，战争手段的复杂化、多样化，兵器的种类也越来越多，于是便存在一个兵器分类的问题。从我国古代兵器的情况来看，大致上可分为步战类、车战类、骑战类、水战类等几个大类；从兵器本身的功能来看，又可分为防护类装备、防身用的短兵器、搏击用的长兵器，还有弓弩、抛石机、障碍类器械、战车、战船和攻击类的火器等。此外，还有一个问题必须引起重视，这就是战马，无论是车战、骑兵作战，还是运输军需物资，都离不开马匹。因此，关于马匹的征用、引进、繁殖、调配、管理等方面，都是我国古代历代王朝非常重视的一个问题，并将这些统称为"马政"。关于这个方面的内容在以往的论述古代兵器的著作中，多没有涉及，这不能不说是一个重大的缺失。

中华民族具有悠久的历史和无比丰富的文化遗产，兵书便是这些遗产中占有相当比重的光彩夺目的瑰宝。兵法是千百年来中国人民用血肉凝成

清代江南制造局炮厂厂房

明代的战马及鞍具复原图

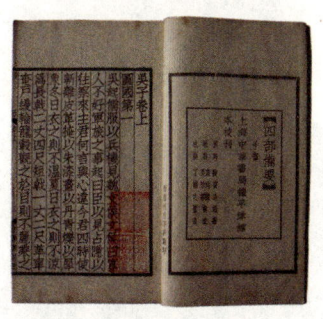
《吴子》（战国吴起撰，四部备要本）

唐代白陶马

图说中国古代兵器与兵书

诸葛亮画像

兵家必争之地——雁门关

的智慧的结晶,是我国历代军事家、政治家对战争、战略、战术、决策、指挥、统筹等问题的军事理论和实践的总结,它所揭示的战争规律,克敌制胜的谋略,斗智斗勇的方法,以及博大精深的兵家管理思想吸引和哺育了一代又一代的军事家、政治家、外交家。因此,对兵书的研究和论述引起了越来越多的关注,在介绍我国古代兵器的同时,对一些比较经典的兵学著作进行介绍,是非常有意义的。在已经迈入21世纪的今天,我国古代兵书所具有的博大智慧和神奇魅力正越来越引起海内外华人的关注和推崇,并日益受到西方世界的普遍重视,日本政界、军界和企业界人士都把它视为立于不败之地的法宝,而美、英等国的军事院校也把它确定为教材。可见,兵书对今日充满竞争的政治、军事、外交、选用人才、商场角逐、为人处世等都有着不容低估的指导作用。

安徽寿县古城墙

赤壁大战古战场

第二章
防护类装备

　　战争的一个重要原则，就是消灭敌人、保存自己，即使在古代社会，这个原则仍然适用。因此，我国古代创造了种类丰富的各式防护类装备，以便最大限度地保护己方军队，保存战斗力，从而达到消灭敌人的目的。这些防护类装备经过数千年的发展演变，无论是制造技术，还是防护效果，都有了很大程度地提高，成为我国古代兵器的重要组成部分，也是我国重要的文化遗产之一，对世界军事曾经产生过重大的影响。

先秦时期的甲胄

甲,又叫介或函,秦汉以后称之为铠,是披在人或马身体上的一种防护装备。胄,战国以前称为胄,战国以后称为盔或兜鍪,宋代叫头鍪,宋以后多称之为盔,是戴在头上的一种防护装备。

甲的历史十分悠久。远古时代,我们的祖先为了生存的需要,借助野兽的皮和林中的藤、木等物,制成简单的护饰,穿戴在身上,以抵挡木石兵器的伤害。传说甲是由蚩尤制造的,也有一种说法是夏朝的第七代国君予(从禹开始计算)发明的。而胄则传说是黄帝发明的。这些说法是否可靠,尚不好定论。最早的甲主要是用皮革或者藤条制作的,藤甲的原始实物至今没有发现,皮甲现在考古发现最早的也是商代的东西,这一点在一些民族资料中可以找到佐证。在台湾兰屿岛上的耶美人,他们在20世纪初还在使用藤条编制的甲。

早期的甲披戴在前胸后背、腰腹等部位,既不影响四肢的格斗活动,又可防御身体主要部位免遭兵器的损伤。那时的甲只是整块皮革做成的甲片。殷墟中的土层表面曾发现皮甲遗留的痕迹,有黑、红、白、黄四种颜色涂成的斑斓纹理,残迹最大径约40厘米。这种皮甲距今已3000多年了。整片皮革制作的甲非常坚硬,兵士着装在身,持枪操刀搏杀时,十分不方便。

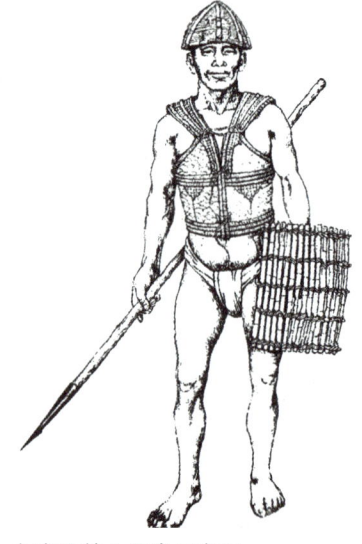

台湾耶美人甲胄示意图

后来改为用小片的皮革连缀，可按护体部位的不同将皮革切成大小不同、形状各异的革片，每片穿小孔，用细绳连缀起来。为了增强甲片的牢固性，还用双层或多层皮革缝制，表面涂漆，既美观又实用。自青铜器出现以后，人们用青铜片铸成兽面护饰装在甲衣胸背部。在西周时的古墓中曾发现过钉缀在甲衣上的各式青铜甲片。这种带青铜片的甲衣，其防护效能又进一步增加了。

春秋战国时期，由于战事连年不断，攻击性兵器不断改进，促使防卫装备进一步坚固、完善。甲的制作工艺相当完备，形成了一套比较完整系统的制度。皮甲的防护功能和护体面积都较前有所增大，成为战斗中的主要防护装备。在湖北曾出土了战国早期的12领比较完整的皮甲，全甲由甲身、甲裙和甲袖3个部分组成。甲身又有胸甲、背甲、肩甲、肋甲等共计20片甲片编成。甲袖左右对称，各由13列、52片甲片编成，编联成下面不封口的环形叠压，固定编缀，然后再上下纵连，整个甲裙上窄下宽，便于下肢活动。身甲和甲裙均在一侧开口，便于穿着，穿好后再用丝带结扣系合。古人把这种用丝绳缀连起来的甲叫"易檝"。这些皮甲在古代的车战中与盾配合使用，能够有效地防御青铜兵器的攻击，所以那时各国军队都装备皮甲。

在车战中，甲是主要的防护装具，几乎每名武士都配套铠甲，所以军中兵员实力又往往以铠甲数目表示，如"披练三千""带甲十万"等。特别是犀牛皮、兕皮、水牛皮、鲨鱼皮坚硬厚重，又有韧性，青铜兵器和一般的轻型铁兵器难以刺穿，防护力相当强。那时的军队兵马均披甲，以蔽刀箭。青铜由于脆硬，一直用来锻打成片，钉缀在甲衣的胸部和背部，起到盾的作用，以保护身体重要部位。所以青铜制品一直作为皮甲的附属物，而终未取代皮甲。直到精锐的钢铁兵器问世以前，皮甲作为

商代穿甲胄的武士复原图

西周穿甲胄的武士复原图

防护战具在军中经历了一千余年的历史。在宋朝和元朝的军队中,皮甲作为一种轻便防护装具仍与铁甲一起使用。而许多边疆少数民族地区直到新中国成立前夕仍使用皮甲皮盔。

传说在上古时代,原始部落之间的战争中,蚩尤部落最先发明了防护头部的装备,并在顶部装上兽角,既能护头,又可触人,具有双重战斗性能。新石器时代的胄,多是用藤条编制或用兽皮制作的,有些少数民族地区长期使用藤胄、皮胄。后来,人们开始专用皮革制胄。曾在湖北随县曾侯乙墓中出土的战国初年的皮胄,用18片皮甲片编缀而成,中有脊梁,下有垂缘护颈,这种皮胄是殷周时期皮胄最典型的代表。

青铜胄在商代也已开始使用。目前我国发现最早的青铜胄是河南安阳出土的商代青铜胄。1934—1955年,在安阳侯家庄的殷墓中发现了140多顶铜盔。这些铜盔形体近似,都是整体范铸而成,重2~3千克,高15厘米,底宽18厘米。不少铜胄的正面铸有兽面纹饰,额部中心线是扁圆形的兽鼻,大大的兽目和眉毛在鼻上向左右伸展,与双耳相接,圆鼻下是胄的前沿,在相当于兽嘴的地方,则露出将士的面孔,显得十分威严。胄的顶部有一向上竖起的铜管,用以安插缨饰。胄的表面打磨光滑,兽面等装饰图全都浮出胄面,大部分铸成虎头状,外观雄武,所以古代称

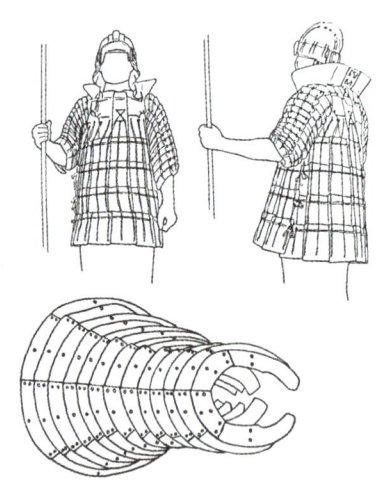

上图为战国皮甲的穿法示意图,下图为皮甲袖部示意图

战国武士甲胄示意图

商代青铜胄

西周铜胄

战国铁胄复原模型

顶盔披甲的将士为"虎贲"之士。胄的内面仍保留着铸造时的糙面，可以推测当时胄内一定还有柔软的织物做衬里。西周时的铜胄也是整块范铸，左右两侧向下延伸形成护耳，有的在胄沿宽带上凸出一排圆泡钉。从出土的周代胄来看，造型朴实，不像商代胄那样装饰华丽怪谲。战国时期，铁制的护头装具随着铁兵器的发展应运而生，由于它的外形很像当时的饭锅——鍪，所以开始时它被称作"兜鍪"。1965年，在河北易县燕下都一座古墓中出土的铁兜鍪是我国迄今发现年代最早的一件。它是用89片铁甲片编制而成的，全高26厘米。从顶部开始一层压一层编缀，自上而下共7层。整个头部裹护严实，仅留面孔部分，式样简单，没有特别的装饰。秦汉以后，铁兜鍪成为将士护头的主要装具，在兜鍪的后侧，常常垂有保护脖颈的部分，称之为"顿项"。

商代铜胄

西周铜胄

秦汉时期的甲胄

从战国晚期到东汉,随着铁制兵器的发展,铁铠逐渐代替皮甲成为主要的防护装备。铁铠最早出现于春秋战国之际,那时的铁甲用于防护手臂部分。"铠"字原意指厚重、坚实。西汉时,人们称铁甲为"玄",即黑色的意思。汉武帝时,著名的将军霍去病生前曾先后多次征伐匈奴,屡建功勋,可惜年仅24岁就因病去世。为悼念这位早逝的英雄,汉武帝"发属国玄甲军,陈自长安至茂陵",用玄甲军送葬是十分隆重的葬礼。我国考古工作者曾在多处汉代遗址上发掘出许多铁甲片。经专家考证,那个时代的铁甲正逐步由粗重到精致,经历着一个更新变革的过程。原来是用较大的长条甲片编制成"札甲",虽编制简便,但活动不便,后改用小片甲编制成"鱼鳞甲",做工更加细致。从保护部位上,由仅保护胸背的形式增加了保护肩背的"披膊"及保护腰胯的"垂缘"。出土于呼和浩特的一领西汉铠甲就是带有"披膊"和"垂缘"的札甲,全甲由600多片甲片编成,

西汉青铜胄

穿甲胄的战国武士像

重 11.1 千克。而出土于河北满城西汉刘胜墓的一领铠甲则是带有"垂缘"和"披膊"的"鱼鳞甲",全甲共由 2859 片甲片编成,总重 16.85 千克,其做工异常精美。

　　汉代铁甲不仅在编制工艺上日益精湛,而且铁甲的锻造技术也在不断提高。据专家推测,西汉铁甲片表面为铁素体的淬火组织,中心部位的碳含量很高。所用材料是块炼铁,锻打成铁甲片后,再淬火,表面脱碳,使炼就的甲片不仅坚硬,而且富有韧性。不仅如此,汉代铁甲的生产量也很大,能够达到军队兵员一人一领的程度。据《东观汉记》载,刘盆子率 20 万人马向刘秀投降时,在宜阳城西堆积的铠甲就像熊耳山一样高。

汉代铁鱼鳞甲复原模型

陕西阳陵出土的西汉军士俑

汉代将军铠

汉代兵士铠

在秦始皇陵发现一座面积约 1.4 万平方米的大型陪葬坑。据发掘报告称，在试掘的 100 多平方米的面积内，出土了 100 多副石甲胄，其中胄有 40 多副。目前已经修复的胄可称为"秦帝国第一胄"，由 74 个石质甲片以铜条编缀而成，这是我们所看到的第一顶秦胄，它向我们清晰地展现了秦胄的形制。然而，正如发掘报告所言，这批石甲胄只是模仿实用甲胄而制作的明器，而当时的实用甲胄不会以石材为原料。文献中记载的

秦始皇陵陪葬坑出土的军士俑

秦始皇陵陪葬坑出土的军吏俑

秦始皇陵陪葬坑出土的将军俑

秦始皇陵陪葬坑出土的石胄

第二章 防护类装备

秦始皇陵陪葬坑出土的石铠甲

甲胄多为皮革和铁质，而以石片编缀的甲胄由于其延展性差、极易破碎、战时及时修复困难等缺陷而难以应用于实战。观察这些石甲胄并参照秦始皇陵兵马俑的模塑甲衣，可以看出，秦代实用的甲胄可以分为皮质和铁质，而以石甲胄随葬可能是出于当时的丧葬制度或石甲胄不易腐朽等原因，几乎不存在用于实战的可能。另外，从出土的马甲的形制看，比曾侯乙墓发现的马甲更加进步，增加了"当胸"部分，为研究马甲形制的发展变化提供了新的资料。

如果说秦始皇陵兵马俑坑的发现为我们展现了秦军甲衣的形制，并佐证了不同身份级别的将士有不同甲衣的配备，那么石甲胄则为我们提供了更为丰富多样的甲胄形制，并解决了秦胄存在与否及其形制问题，为研究秦代防护兵器提供了宝贵资料。秦始皇陵石甲胄陪葬坑规模之大、甲胄之多、距封土之近，充分说明了秦人在长期兼并六国战争中对甲胄的高度重视，暗示了战国至秦汉之际战争频繁的历史背景。

秦代军吏铠示意图

秦代将军铠示意图

魏晋南北朝隋唐时期的甲胄

在三国时期，上好的铠甲都是用"百炼钢法"锻造的。诸葛亮曾下令制造"五折钢铠"。这种"五折钢铠"是选用反复锻打五次的钢片锻造而成的。据说诸葛亮还监造过一种名叫"筒袖铠"的铁甲，选料精良，制作考究，流传几百年。这种铠甲不仅能抵御一般的锋矢，甚至连"二十五弩射之不能入"，可见其防护功能之强。南北朝时期，随着重甲骑兵的崛起，适用于骑兵装备的"两裆铠"极为盛行，逐渐成为铠甲中的重要类型。所谓"两裆铠"是由一片胸甲和一片背甲组成，因为它的形制和服饰中的"两裆"形状相似而得名。两裆铠也有各种样式，有将甲片连缀而成的，也有近于鳞片重叠而成的。其色彩有朱、绿、黑等多种漆，特别贵重精美的则采用金银装饰。

北朝两裆铠复原图

隋代武士瓷俑

其实穿裆甲并不仅限于骑兵，步兵乃至于军官都喜穿这种甲。通常将其穿在里层，外罩袍服，成为一时流行的服饰。到了唐代遂称其为"临戎之服"，即临战之时，将外面的袍服一脱，即可投入战斗，极其便利。两裆，古代指背心，这种铠直到隋唐时期仍很盛行。除此之外，在这一历史时期还流行"明光铠"。

据《唐六典》记载，唐朝的甲制共有13种，即明光甲、光要甲、细麟甲、山文甲、乌金追甲、白布甲、皂绢甲、布背甲、步兵甲、皮甲、木甲、

两魏戴胄、穿两裆甲、骑具装马的武士（敦煌莫高窟壁画）

北朝两裆铠复原图

锁子甲、马甲等。从其质料来看，有铁质的、绢布质的、皮质的等。其中，明光甲、光要甲、乌金追甲、细鳞甲、山文甲、锁子甲等都是铁制的。"明光铠"的前胸和后背各有像镜子一样的金属圆护心，其甲片都经过抛光处理，太阳照射时即闪闪发光，因此得名。锁子甲是一种用铁链衔接，互相密扣，缀合而成衣形的铠甲。这种甲穿起来柔和便利，比大型坚甲轻松。为适应步兵野战的需要，在唐代供步兵使用的步兵甲方面有了很大发展。据《通典》记载，当时每队战士有60%的人装备有铠甲，而汉代军队披铠甲的士兵仅占总数的40%。这种步兵甲的基本形制是：甲身前后片在双肩上用带联扣，两肩所覆披膊作兽皮纹，腰带下垂有两片很大的膝裙，上面叠缀着几排方形的甲片。宋代的"步人甲"就是由这种铠甲演变而成的。唐代的甲虽然种类繁多、式样各异，却主要供步兵和骑兵穿着，战马一般不披甲，以致在作战时骑兵机动性大，以轻捷快速而取胜。另外，唐代制甲，还讲究外观华美，往往给甲涂上金漆或绘有各种花纹。唐太宗李世民还是年轻将领时，曾身披金甲，领铁骑

戴胄穿明光甲的隋代武士
（敦煌莫高窟壁画）

北朝重装铠甲武士俑

第二章

防护类装备

敦煌唐代天王像

1万人、甲士3万人，在太庙前举行凯旋礼。那时在祭祀、典礼等隆重场合下都有金盔银甲的壮观场面。唐代大诗人杜甫曾写下"金锁甲、绿沉枪"的诗句。

唐代的马甲具体是什么样式，可以从西安唐懿德太子墓出土的一组贴金银甲骑俑上得知，马面当颅涂金，甲身涂银，唯马首没有戴羽状马冠。此外，还发现有装着金银装饰甲胄的唐代武士俑，这种金银装饰的甲，不是作战实用的甲胄，只有在表演乐舞时才穿用，帝王仪卫中也有出现。

唐懿宗时，河东节度使徐商发明纸甲，据说坚固异常，猛箭不能射穿。1040年，

初唐甲胄示意图

隋唐时期甲胄示意图

第二章　防护类装备

河北曲阳出土的五代贴金彩绘浮雕武士像　　　唐代贴金彩绘釉陶武官俑

北宋也曾造纸甲 3 万副，分发给陕西防城弓箭手使用。根据使用的方式和记录，这种纸甲似乎在江南地区使用比较普遍，而且制造区域也一直在江南。从其应用来看，似乎是用来防远程射击武器，如箭和火枪弹，而不是用来防近战的刀剑的。而且这种防具还有一种特性——不但有一定的防水和防火功能，而且湿润之后的防弹效果更强。

五代十国时期的甲胄样式基本沿袭唐朝，而且造型非常精美，其中以吴越国所制作的甲胄最为精坚华美。据载，吴越归顺北宋时，其金银装器甲达数十万件，当时没有运回北方，而是分别贮存于南方的仓库中。后来南宋渡江时才取出，用于装备军队，历经百年而保存如新，可见其质量之高。

北魏武士俑

唐代贴金彩绘具装甲马俑

北周彩绘武士俑

宋辽金元时期的甲胄

宋代铠甲有钢铁锁子甲、黑漆顺水山字甲、明光细网甲、明举甲、步人甲等。还有一种十分坚精的铁甲——瘊子甲，是青堂（今青海省西宁市附近）羌族人民制造的。这种甲柔薄坚韧，甲片呈青黑色，光亮得可以照见毛发。当时有人做过一个试验，在50步以外用任何强有力的弩箭射之，都射不透，其中只有一支箭能射入，经检查，原来这支箭是射在穿带子

西藏古格王国时期的金属铠甲

宋代甲胄示意图

宋代穿铠甲的武士俑

北宋帝陵前的武士雕像

四川彭山出土的宋代石刻武士像

敦煌宋代天王塑像

第二章　防护类装备

的小孔里，射进的铁箭头竟被甲铁叶碰得反卷起来，可见其坚硬程度是相当高的。这种铁甲，是用冷锻法加工出来的。当甲片冷锻到原来厚度的三分之一以后，在它们的末端留下像筷子头大小的一块不锻，隐隐约约像皮肤上的瘊子，所以叫"瘊子甲"。铠甲发展到宋代已经非常完善，并形成了一定的制度。

除此之外，铁甲还有一个缺陷是贴近身体的一面也十分坚硬，常常会磨伤皮肤。宋朝时，在铁甲内面衬上绸里，后来又在甲衣内穿上絮有棉花的"胖袄"，以防止磨伤皮肤，胖袄长4尺6寸，装棉花绒1千克，裤装棉花0.5千克。战士穿上棉袄棉裤，外罩铁甲衣，若是在冬天寒冷的地方，既保暖又安全；若是在炎热的夏季骑马作战，却如身陷蒸笼一样，

山西五台山南禅寺大殿天王像

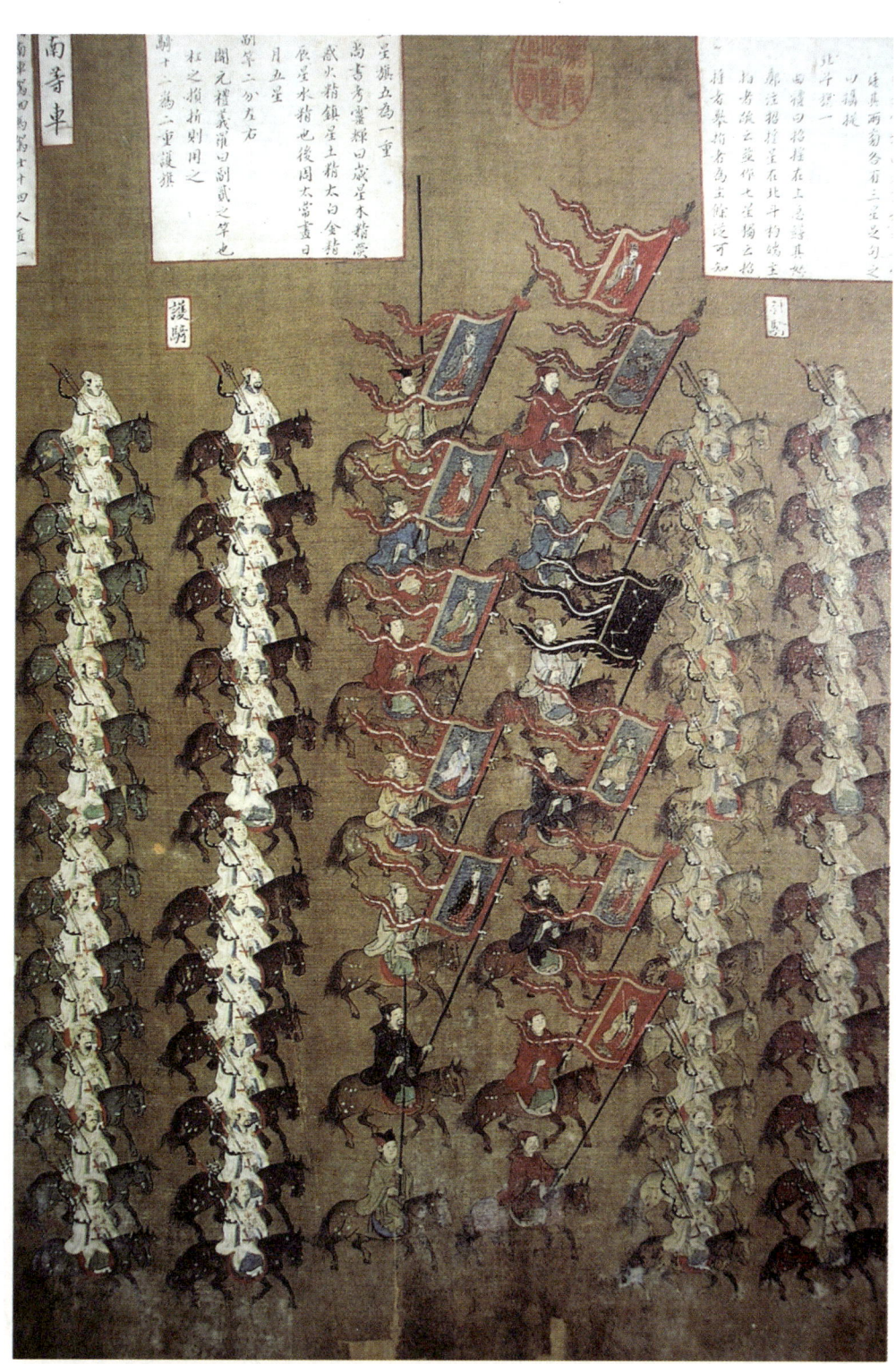

宋代皇帝依仗图（局部）

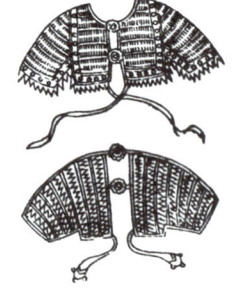
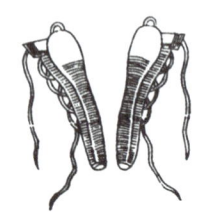
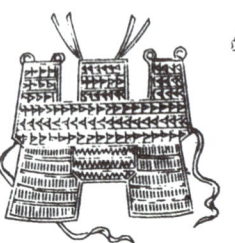
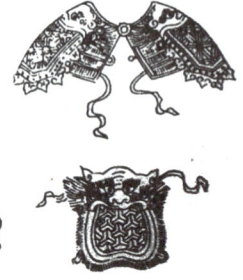

《武经总要》所载的宋代各种盔甲

整天浸在汗水里，甲士辛苦之极。身穿铁甲的将士行动十分不便，上下马都靠别人扶持，在皇帝、重臣面前无法行跪拜礼，只能拱手作揖致礼，所以自古的军礼规定"介胄不拜"，就是这个道理。

宋代也有绢布甲的存在，关于这个问题，宋人周必大的《绣衣卤簿图》与《宋史·仪卫志》的记载就有所反映。其马均为具装马，即马匹披有铠甲，人披重铠，甲以布为里，以黄绢为表，用青绿色画成甲纹。这种用做仪仗的铠甲与实战所使用的铠甲相比，除了较为华丽外，在其他方面并无很大区别。

元世祖忽必烈征讨乃颜时，曾赏赐给洪俊奇一副雁根甲。这种甲分量轻、防护效能好，但是成本昂贵，只能供极少数将领穿用。用来装备部队的轻型甲主要有毡甲、绢甲、绵纸甲，其中又以纸甲使用较多。蒙古人还制造了超级奢侈的甲——锦甲，即用丝绸制成甲，防护效果极佳，蒙古帝国的皇家部队

辽代穿甲胄的武士复原图

元代穿甲胄的武士复原图

往往穿着6层丝绸，丝绸虽然轻但坚韧无比，即使箭射进肉里也会裹住箭头。但价格实在太贵了。

宋代以来，"顿项"又常用轻软牢固的环锁铠制成，以便于颈部活动。需要说明的是，南北朝的兜鍪，额前伸出冲角，两侧增加护耳，这种形制和结构一直保持到隋末。唐宋以后，兜鍪改称为"盔"，但其形制和结构基本保持了南北朝时期的风格。这种铁制的头盔，作为我国古代军队中普遍装备的护头装具，一直使用到晚清。据说，13世纪蒙古首领铁木真率领骑

金代穿甲胄的武士复原图

元代铁盔 1

元代铁盔 2

兵西征时,剽悍的蒙古骑兵身披铁甲,头戴一种样式奇特的铁盔,面部有一个硕大的船锚形护鼻器,手持明刀快斧,骑着高头大马,样子十分狰狞恐怖。刚入侵印度时,人们以为魔怪降世,惊骇之状不亚于我们现今对外星人的惊奇和恐惧。但是从出土的元代头盔来看,结构非常简洁,并无护鼻器之类的设置,这就说明元代头盔种类较多。

元代头盔

西藏古格王朝时期的铁头盔

日本藏元代头盔

明清时期的甲胄与军服

第二章 防护类装备

明代是铠甲由重向轻改变的一个历史时期。明代中叶,戚继光领兵在东南沿海一带抗击倭寇时,令士兵穿着绵纸甲。这种甲分量虽轻,却能有效地防御鸟铳铅子,特别适合在我国南方地区作战使用。

明清两代,军用铁铠不仅制作精良,而且非常注重轻便。皮甲已完全被废弃,多用钢铁制作网甲,也叫锁子甲。比较盛行的有护卫上身及两膀的钢网衣,护卫下体有钢网裙或钢网裤,以及分别护卫手腕和脚的钢网腕、钢网靴。清代的铠甲分为胸马甲、腰甲、腹甲、腿甲四项,无论从制作工艺,还是从外观装饰上都比以前有较大进步。清代是轻甲发扬光大的时期。三国时由西域传入可防远箭的锁子甲,始于明代发明的可御远枪的绵甲,都成为此时的主要甲式,即使是铁甲,其金属甲片的厚度也大大降低了。高缨尖胄、嵌满泡钉的宽大绵甲构成了中国清代甲胄的主要特征。铠甲分甲衣和围裳,甲衣肩上装有护肩、护腋;前后有时各佩一块金属的护心镜,镜下前襟的接缝处另佩一块梯形护腹,名叫"前挡";腰间左侧佩"左挡",右侧不佩挡,留作佩挂弓箭等物。围裳有左、右两幅,穿时用

新疆布尔津县出土的明代锁子甲

明平番得胜图的骑兵及甲胄

明代盔甲复原图

第二章 防护类装备

明孝陵武士石雕像

明代将军甲胄示意图

北京定陵明代武士石雕像

清八旗军中的正黄旗与正白旗盔甲　　　清八旗军中的正红旗与正蓝旗盔甲

清八旗军中的镶黄旗与镶白旗盔甲　　　清八旗军中的镶红旗与镶蓝旗盔甲

第二章　防护类装备

带系于腰间。在两幅围裳之间正中处，覆有质料相同的虎头蔽膝。

清康熙皇帝玄烨的御用铠甲至今仍保存在故宫博物院。这领铠甲异常精美华贵，全甲由8个部分组成：铜盔、护项、护膊、战袍、护胸、战裙、战靴。甲衣上内衬钢片、明哈片、玳瑁边，战袍式样别致，具有民族特色。那时还十分流行一种战袍，袍外绣各式图案，里面装饰许多半圆体凸形小铜星，排列有序，肩上加置铜条，袍里则连缀甲片，其质坚厚，可抵御矢镞及鸟枪丸弹。这种战袍柔和贴体、藏而不露，很受将士们的欢迎。清代中后期，一方面由于火器的不断更新，铠甲的防护能力相应地下降；另一方面，清政府日益腐败，军备松弛，使得军队中铠甲徒具形式，只在操练、秋阅或仪仗中使用，以示雄武。后来西式操练的推广，铠甲才正式退出战争舞台，结束了它几千年的戎马生涯。

晚清时期军队的服饰又有所变化，即使近代化的北洋六师，无论军官还是军士，均不再着盔甲，而改为布质的军服。清朝末年的海军，其水兵军服已经部分仿效西方的海军服饰，领子改为带蓝白条格纹的宽披肩，只是头上仍梳辫子而已。1900年以后的清朝陆军服饰，除了仍留辫子外，

清康熙皇帝盔甲

清朝宫廷侍卫图

其他方面已经基本西化。军官戴硬壳军帽,军服佩有肩章,腰扎皮带,脚穿长筒马靴,胸前有绶带,并佩有指挥刀。军士亦是如此,只是没有绶带、指挥刀、马靴而已,通常用绑腿扎住裤脚,脚穿布鞋。明代的头盔大体上承袭了宋代以前的遗制,有所改进的是御林军使用的锁子盔,铁钵的形制像一顶便帽,下沿内装锁子钢丝网,盔高8寸多,网长1尺左右,网环极为细密,而普通士兵着用的铁盔比较简单,没有什么装饰,铁钵高大,眉庇较宽,整个盔面下宽上窄,呈尖塔形。军官用的铁盔,上面雕刻有龙虎图纹,有的还用金银镶嵌,盔上有管,可插貂缨。随着火器的发展,铁盔的形制渐趋轻体化。清代盔帽后垂石青等色的丝绸护领、护颈及护耳,上绣有纹样,并缀以铜或铁泡钉。清代末年,西式钢盔传入中国,成为步兵通用的防护器具,但其形制已与古代兜鍪大不相同了。今天我们所见到的步兵作战装束是迷彩服和钢盔,古老的铁甲已成为历史文物,胄却以另一种崭新的面貌在现代战争中发挥效用。

清代铜盔

太平天国士兵军服

图说中国古代兵器与兵书

清代盔甲图

晚清军官服饰复原图

北洋六师的军服

清朝末期陆军军服

清朝末期海军军服

第二章 防护类装备

历代的盾牌

盾牌是古代一种手持的防卫兵器。开始用木、竹、藤、皮革制造，后来用铜、铁制造。形制多为长方形、圆形或梯形。表面涂以色彩并绘有图案。背后有握持的把手，通常与刀、剑等兵器配合使用。古代东方、古希腊及古罗马诸国，广泛使用盾。木盾外侧表面中央通常固定一块突起的金属板——铁护手，盾包有一层或数层皮革，可防止箭、矛和剑的伤害。

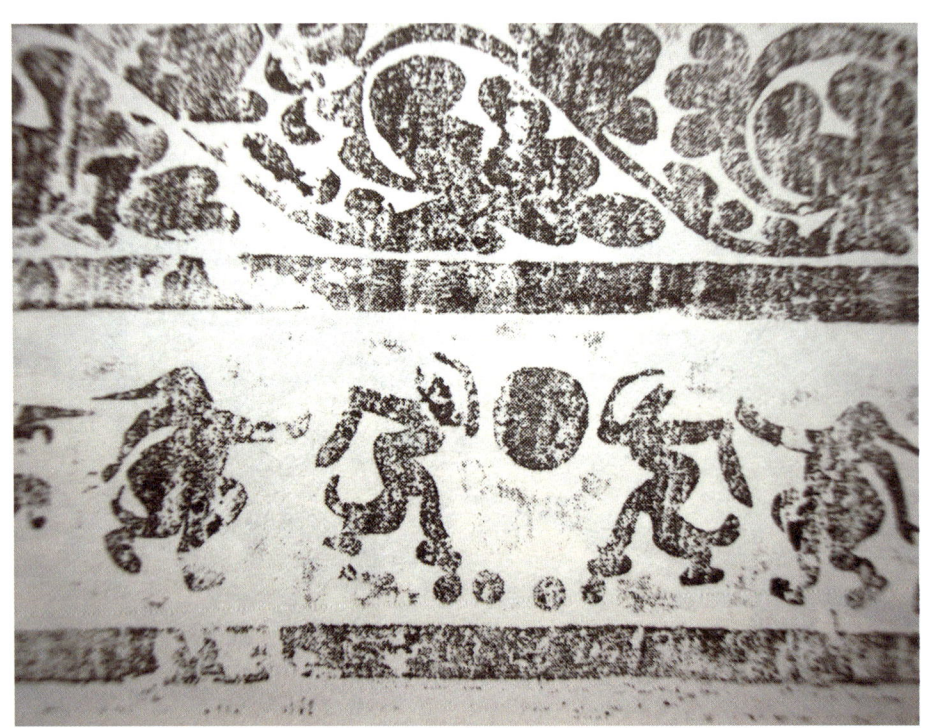

汉代画像砖使用盾牌作战的场面

河北磁县北朝墓出土的执盾武士俑

江苏南京出土的东晋执盾武士俑

春秋时期龙凤云纹皮盾

湖北随县曾侯乙墓出土的漆盾牌

秦兵马俑坑出土的铜盾牌（正面）

秦兵马俑坑出土的铜盾牌（背面）

第二章　防护类装备

作战时，可将盾用皮带系在一只手臂上，或执其把手；行军时，以盾内侧的皮带挂在背后。盾的正面通常绘有各种彩色图案、标志、徽章等。

中国原始社会就有简单的盾，以后种类和形制越发完备，又称为"干""牌""秉甲"。盾的名称、形状、尺寸在不同地区也各有区别，如《释名》记载出于吴地大而平的盾叫"吴魁"；出于蜀地脊部隆起的盾叫"滇盾"；再如步兵用盾称"步盾"，车上用盾叫"矛盾"，骑兵用盾叫"旁牌"等。明代还发明了一些与火器并用的盾牌，内藏火器或箭，接近敌人时，即可发出，不仅掩护自己，还可以杀伤敌人。

盾长一般不超过3尺，多为长方形或梯形，也有圆形的。大型的防盾被称作"彭排"，高约8尺，盾牌长可蔽身，内施枪木倚立于地，供城守、水战之用；布营用的大型盾叫"苦"，是防守战具。铜盾和铁盾因分量重，除仪仗用外，很少在战场上使用。盾的表面涂漆，并绘有龙虎、神怪、鸟兽等图案。殷商时期，盾牌上装有青铜饰器，多制成狰狞的兽面或人面，借以恐吓敌人。东周流行长方形木盾，表面涂漆，纹饰精美，其上部呈对称双弧形。春秋时期盾成为主要卫体护具。宋代的盾主要分为两种，即骑兵用的小圆形旁牌，步兵用长方形尖顶

西藏古格王国时期的藤盾牌

商代后期的铜盾牌示意图

隋代按盾武士俑　　　　　　　清代燕尾木盾牌示意图

第二章　防护类装备

清代藤牌与圆木盾牌示意图

旁牌。明代虽已盛行火器,但军中仍多装备轻型盾牌,如手牌、握牌、燕尾牌等。每面长5尺,多用白杨木、松木制造,宽1~1.5尺。还有藤条编织的圆形藤牌,直径约2尺,周缘略高,箭射中后,可防止箭滑脱伤人。火器出现后,盾逐渐被淘汰。

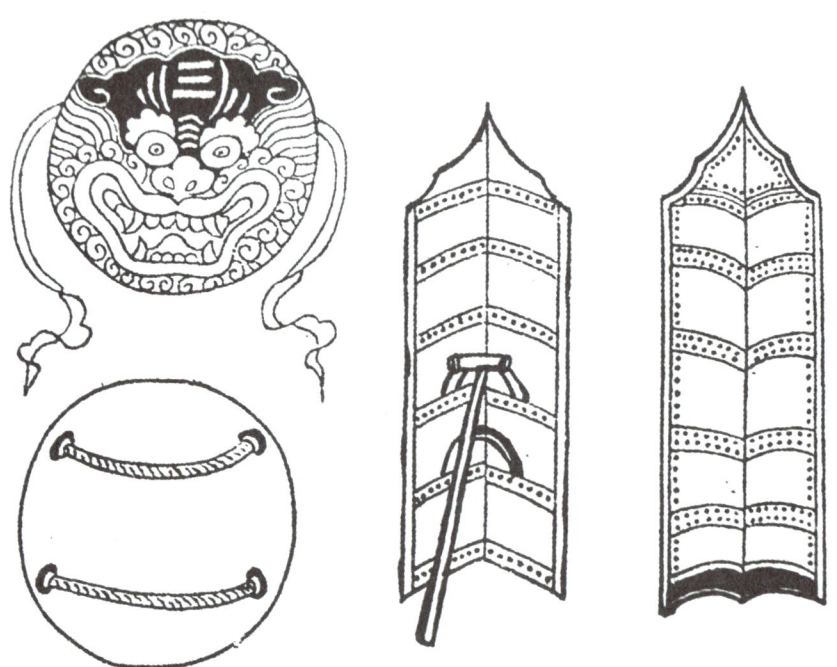

宋代盾牌示意图(左为骑兵使用,右为步兵使用)

第三章
冷兵器时代的各类兵器

在冷兵器时代,用于作战的兵器种类繁多,制造方法、制造材料、使用方式及用途也各不相同。这些种类繁多的冷兵器,是中国古代文明的一个重要组成部分,是中国人民的骄傲,在世界兵器宝库中占有重要的位置。其中,有许多兵器是外国历史上从来没有的,它们不仅是中国古代人民智慧的结晶,也是中国古代科技水平高度发达的集中体现。

防身用的短兵器

我国古代兵器依其长短可分为长兵器与短兵器两类,因为区分长短兵器历来没有严格的尺寸标准,为了便于区分,我们把柄部较长,接近或等于成人身长或超过身长,在战斗中双手握持的列为长兵器,如戈、矛、戟、殳、铍、钺等。反之,柄部较短且随身佩带,用单手握持的列为短兵器,如剑、刀、匕首等。一般来说,防身用的短兵器与搏击用的短兵器并无严格的区别,它们既可防身,也可用于搏击。不过严格地看,有些

春秋青铜几何纹短剑与羊首短剑

商代羚首铜刀

春秋青铜绿松石匕首　　春秋窄形环首刀

战国人首纹剑

短兵器却是明显用来防身的，一些长约数寸到尺余的兵器，如短剑、短刀、匕首等，无疑都属于这一类。

内蒙古博物馆收藏的战国青铜阴阳剑，其柄分别被铸成男人与女人的身体的形状，故称阴阳剑。其造型别致，立意奇特，刃部较短，这两件兵器毫无疑问是用来防身的。从出土的历代刀具来看，有不少通长不超过40厘米的短刀，这些兵器用来搏击显然是不能胜任的，故也只能是防身用的短兵器。我国历代的剑的长度不一，通常那些尺余长的短剑可以视为防身用的兵器，如河南陕县出土的春秋金镡金首铁剑，通长38.5厘米，是春秋时期少见的铁制兵器，从其制造时使用黄金的情况看，这件兵器显然为贵族防身使用的兵器，非普通人所用。类似的兵器还有陕西宝鸡出土的春秋镶嵌金柄铁剑、春秋双环蛇首剑等，都是属于贵族防身的兵器。

我国古代制造短兵器除了用于防身外，还有一种用途需要指出，这就是刺杀敌酋或政敌时使用。因为这类行动不可能公开

战国青铜阴阳剑

春秋金镡金首铁剑　　春秋镶嵌金柄铁剑

实施，只能采取乘其不备的偷袭行动，所以携带的兵器必须锋利且尺寸短小，便于隐藏，所以只能使用匕首、短剑之类的兵器了。

我国上古时期防身用的短兵器，多是供贵族、高官使用的，普通士兵是不可能拥有此类兵器的，故制造工艺非常精湛，造型各异、装饰豪华。从考古已出土的实物完全可以证明这一点，除了上述的一些兵器外，如存世的一把西周青铜短剑，剑身已断，但剑鞘仍然完整，全部用青铜铸造，造型优美，整个鞘身镂空，显然不是常人所用之物。存

春秋双环蛇首短剑

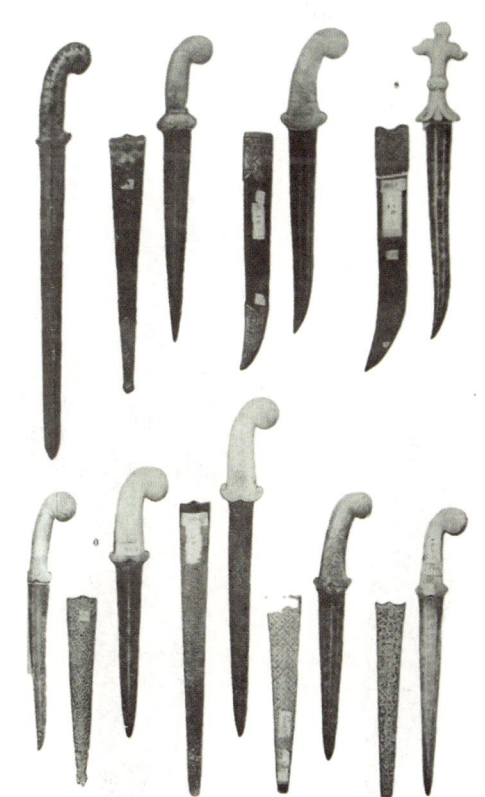

元代各种铁短剑

世的秦代镶嵌绿松石金柄铁剑制造精美,纯金手柄镶嵌绿松石,剑刃锋利;在云南出土的一把滇族青铜剑,其剑鞘全用黄金制成,异常珍贵。故这类兵器除了有防身之用外,供王室、贵族把玩,也应是其功用之一。后世此类防身兵器仍然很多,制造工艺良莠不齐,其中也有不少是民间作为防身之用的器械,就不再多说了。

滇族金鞘青铜剑

西周铜剑与鞘

曲刃铜剑

第二章 冷兵器时代的各类兵器

秦国金柄铁剑

春秋扁球体首短剑

战国青铜匕首

春秋羊目纹短剑与兽首短剑

搏击用的短兵器

能够用于搏击的短兵器很多，就其形制和使用方式来说，可以分为剑、刀、鞭、锏等。剑，是我国古代的一种刺杀兵器，通常由剑身和剑柄两部分构成。剑身中间凸起部分称为"脊"，脊两侧成坡状称为"从"，从边缘的刃称为"锷"，剑身的前端称为"锋"，剑身与柄之间有护手的"格"。关于剑的起始，一般来说应在商末周初，距今约有3000年的历史。然而迄今为止，我们所发现的第一把铜剑是西周的青铜短剑。在西周时期以车战为主，故当时在战场上流行的是长兵器，剑一般很难发挥作用。春秋战国时期，步战、水战逐步取代了车战，占据了沙场的中心位置。短兵相接的战斗日渐频繁，剑作为近身作战的得利兵器，越来越受器重。剑的形制有了新变化，由柳叶形变为脊柱形。这种剑的柄呈圆柱形，并一

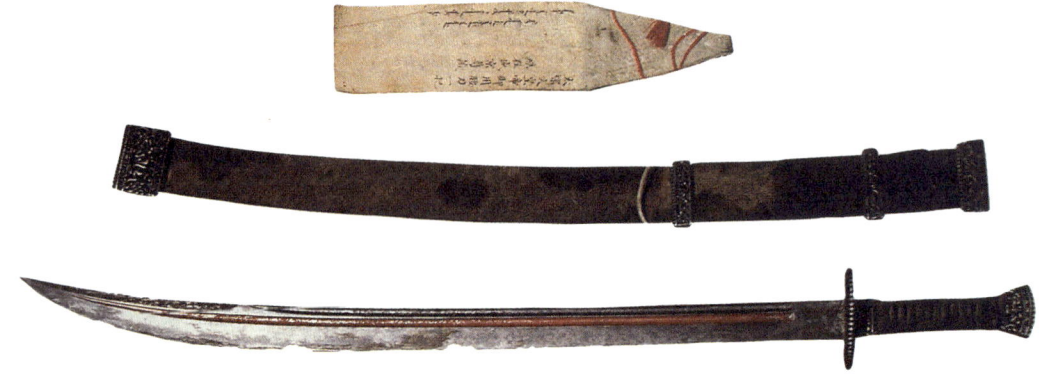

努尔哈赤御用宝刀

直向前延伸，到剑身部分形成剑脊，柄和脊之间没有明显的分界线，浑然成一体。由于增加了脊柱，大大延长了剑身，剑的平均长度已增至50厘米左右，从而大大提高了剑的杀伤力。这时的剑已成为军队近战格斗的一种常规武器。其中，吴、越两国云集了许多能工巧匠，剑的铸造技术远远超过了中原列国，当时著名的铸剑大师有欧冶子、干将、莫邪、风胡子等，所铸之剑是当时最负盛名的。

战国时期，铁器的使用是兵器史上的一大转折。剑已有了钢铁的身躯，剑体更加坚硬柔韧，长度也大大增加。从这一时期出土的铁剑来看，其长度已接近1米，有的甚至达1.4米，是过去一般铜剑的3倍。东汉末年，环柄铁刀被普遍使用，并取代铁剑的地位。从此，剑作为军队的标准武器而退出了军事舞台，其功能演变为：一是佩带，成为舆服制度的组成部分；二是成为民间体育锻炼的器械；三是用来防身；四是作为具有神秘色彩的宗教法器，具有镇恶驱邪的作用。

刀是古代一种单刃的砍杀兵器，它由刀身和刀柄构成，刀身较长，脊厚刃薄，适于劈砍。早在原始社会，我们的祖先用石头、蚌壳、兽骨打制成各种形状的刀，古人不仅用刀作为劳动工具，还随身携带作为防身自卫的武器。早在黄帝时代就有一种用玉石制成的刀，刀身十分精致，并刻有花纹图案，专门用做仪仗饰物。最早的铜刀脱胎于石刀，形状很小。我国目前发现最早的青铜兵器便是铜刀，有4000多年的历史，可谓是青铜兵器的始祖。商代的青铜刀，刀形较宽，刃端多向上翘。当时的刀主要

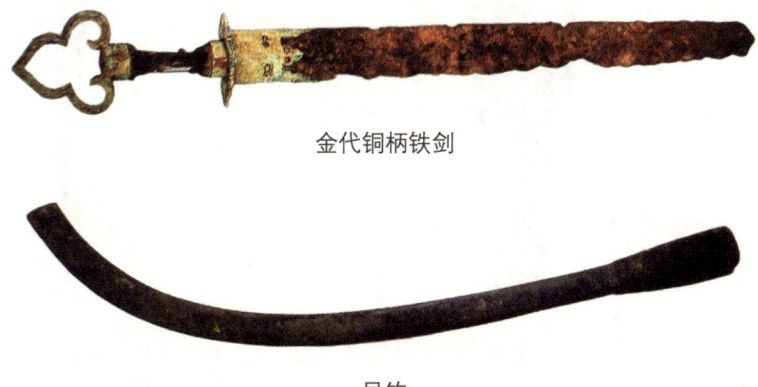

金代铜柄铁剑

吴钩

图说中国古代兵器与兵书

东周青铜剑

南越王墓出土的汉代铜剑

战国青铜剑　　秦兵马俑坑出土的铜剑

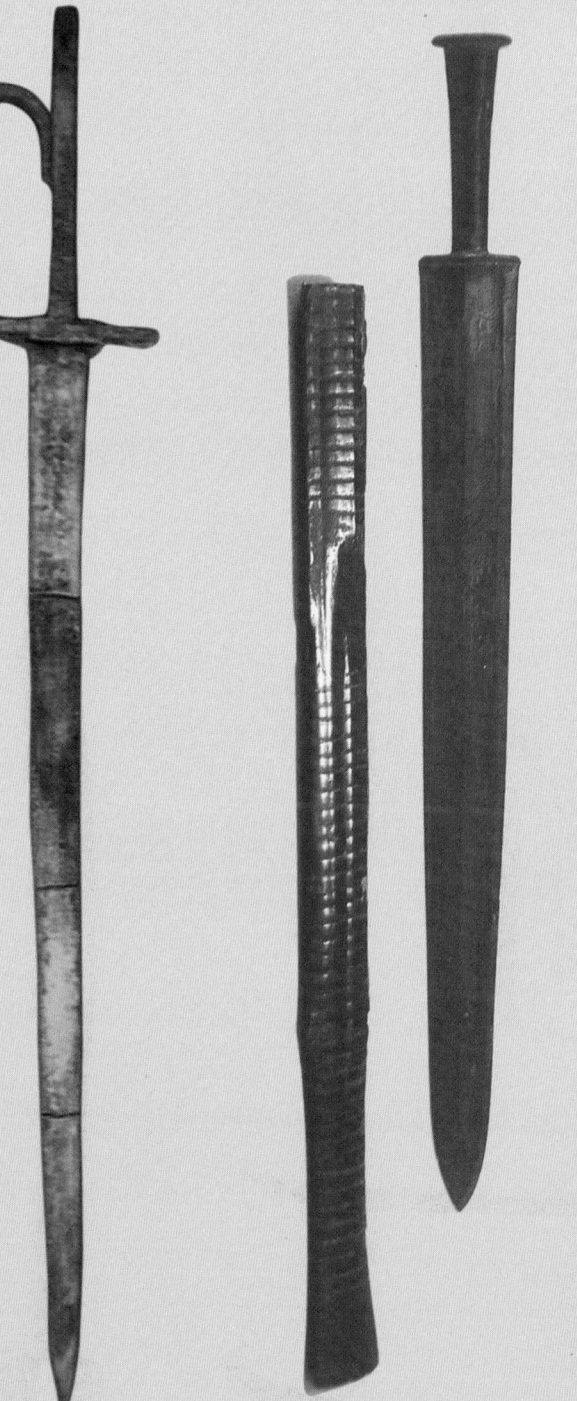

西汉铜剑　　　战国漆鞘铜剑　　　战国圆首双箍剑

第三章　冷兵器时代的各类兵器

用来砍削器物，宰杀牛羊，或防身自卫，还未正式用于战争。西周时期，出现了青铜大刀，其柄短刀长，有厚实的刀脊和锋利的刀刃，刀柄首端呈扁圆环形，所以又叫"环柄刀"。在当时诸国战争中，兵车已渐渐退出战场，取而代之的骑兵队成为作战主力，驰骋千里疆场。因此，单纯的击刺兵器已不足以发挥其效力，擅长劈砍挥杀的刀的制作质量要求也越来越高。秦汉时期，钢铁问世以后，刀的制作工艺得到改善，形制上刀身加长，并且已有专门的战刀和佩刀之分。佩刀讲究式样别致，镶饰美观；战刀则注重质地坚韧，做工精良。在秦始皇兵马俑坑出土了一种兵器，专家称之为吴钩，形体弯曲，刃部锋利，是一种界于刀与剑之间的兵器。

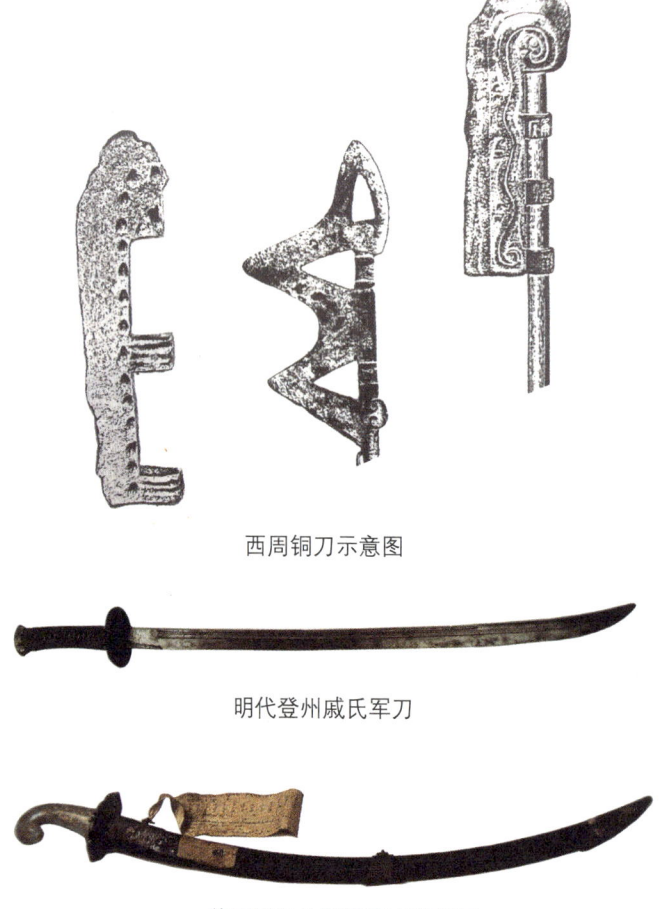

西周铜刀示意图

明代登州戚氏军刀

英国赠送给乾隆皇帝的腰刀

春秋青铜短剑
（剑身为柳叶形）

这种兵器以前只见于文献记载,这是首次考古发现实物,故非常珍贵。

三国时刘备令工匠造刀5000把,孙权则命造刀10000把,司马炎也曾一次遣人造刀8000把。这些刀显然是用来装备军队的,那时刀已当之无愧地成为主要兵器之一。最通用的刀要算环首刀,这种刀直背直刃,刀背较厚,刀柄呈扁圆环状,长度1米左右,便于在骑战中抽杀劈砍,是一种实战性较强的短兵器。钢刀不仅在战场上名声显赫,而且在官场上同样地位尊贵。汉朝时,自天子至百官无不佩刀。佩刀可以标识达官贵族的身份等级。隋唐时采用更为先进的"灌钢法"代替了百炼法,炼出的刀更加坚韧锋利。唐代的刀有仪刀、鄣刀、横刀三种,其中鄣刀是一般官吏佩带的,也可以用来搏击,仍属短兵器之列。明清军队使用最多的是腰刀。腰刀的刀体狭长,刀身弯曲,刃部延长,吸收了倭刀的长处,使劈砍杀伤的威力增大。

鞭、锏不是军队必备的制式兵器,而是一部分人根据自己的特长而使用的兵器,其形制大小也因人而异,很不统一。鞭、锏在唐宋以来才比较常见,多为铁制,都是一种打击兵器。不过鞭与锏的形制还是有所不

英国赠送给乾隆皇帝的腰刀的刀把

宋代短斧示意图

同，鞭多为竹节状，也有不带节的，而锏无节而有棱，其棱分为六棱或四棱。使用者根据自己的喜好，可以使用单鞭、单锏，也可以使用双鞭、双锏。到了明代，人们将鞭与火药结合起来，制造了雷火鞭，前部空5寸，内装火药铅子，既可当鞭打击敌人，也可当铳射击敌人。

除此之外，我国古代还有许多杂形短兵器，如手斧、手戟、三节鞭等，这些杂形兵器无疑也属于搏击用的器械。

战国刻名铜铍　　　北宋鎏金鱼龙纹铁斧

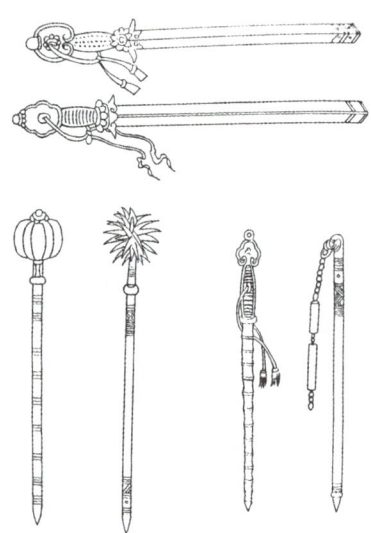

宋代锏、鞭、骨朵示意图

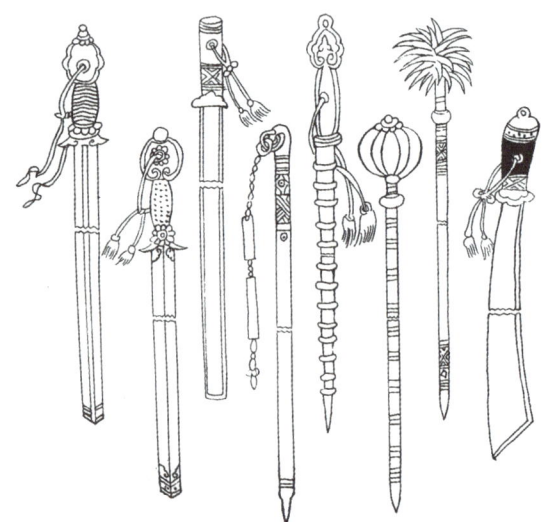

《武经总要》所载的宋代短兵器示意图

搏击用的长兵器

长兵器是我国古代军队装备中的主要兵器,可以分为制式兵器和非制式兵器两大类,其中制式兵器中主要包括以下一些器械:

矛,在我国古代兵器史上使用期最久。从原始社会的石矛一直到近代的梭镖、红缨枪,经历了漫长的战争风雨,可谓历久不衰。矛是一种直刺、扎挑的长柄武器。由于矛头锋利,刺杀效果优于戈、戟,所以在冷兵器时代,矛一直是军队装备的主要兵器之一。矛构造简单,只有矛头、矛柄两部分,是一种纯粹的刺杀兵器。矛头分为"身"和"骸"两部分。矛身中部为"脊",脊左右两边展开成带刃的矛叶,并向前聚集成锐利的尖锋。有的脊两侧带凹槽,称"饮血",为矛头刺入人体时出血进气,以减少阻力。"骸"是用来连接脊的直筒,下粗上细便于装柄。为防止拔矛时矛头脱落,有的矛两边铸有环状钮,可用绳穿过把矛头牢牢绑缚在柄

春秋虎鹰搏击透雕带銎戈

图说中国古代兵器与兵书

南越王墓出土的汉代张义铜戈

西汉铜矛　　　　商代石矛　　　　商代异形矛

战国曾侯戉头

上。早在商代已出现了青铜矛头,并且大量地用于战争。战国时期出现了铁矛。铁矛头比铜矛头体长,而且十分锋利。此后的铁矛头竟长达84厘米。西汉时,骑兵是军队的主要兵种之一,专供骑兵使用的长矛全长1.8丈,称为"矛䂧"。这种长矛一直到唐代仍被看作是重要兵器,不许民间持有。长矛是人们所熟悉的一种古代冷兵器。随着古代战争方式由车战到骑战再到步战的演变推进,矛堪称"三代元老"。但是长矛也有短处,它的刃部较长,刺杀不够灵便,所以唐代以后逐渐被枪所取代。此后,矛虽然不再是军队的常规兵器,但仍用于作战。

枪,古代兵器中的枪,是一种类似于矛的刺杀兵器。二者的区别在于:枪头比矛头的刃部短而尖锐,所以刺杀时枪比矛更为轻便锋利,由此枪取代了矛成为后来的主要兵器。据说枪最早出现于黄帝时代,直到汉代前期枪仍是由竹竿或木杆削制成的。后汉时,诸葛亮遣人制造的枪加了铁枪头,长两丈到两丈五,但样子还未脱离矛的形式。到晋代,枪的形制趋于短而尖,其性能及刺杀效果均优于矛,因此更加广泛地应用于作战。自唐代以后枪取代了矛。唐代的枪分为漆枪、木枪、白干枪、扑枪四种,其形制目前尚无图可考。《武经总要》

商代青铜矛
（把为青铜、刃为玉质）

战国蜀虎纹铜戈

吴王夫差矛（其矛体较长）

中记载了18种形制各异的宋代枪：双钩枪、单钩枪、捣马突枪、环子枪、素木枪、鸦项枪等。宋朝军队作战以枪为主，平时操练以枪法为基本项目。到明清时代，虽以火器为主，枪仍是近战的常规武器之一。这时的枪主要有四角枪、箭形枪、龙刀枪、镞形枪、笔形枪、钩形枪等。清末以后，枪逐渐退役，其形制渐趋单一。

戟，也是一种我国独有的古代兵器。实际上戟是戈和矛的合成体，它既有直刃又有横刃，呈"十"或"卜"字形，因此戟具有钩、啄、刺、割。等多种用途，其杀伤力胜过戈和矛。戟在古代不仅是军队中的主要兵器，而且常常作为武器的泛称，比如"持戟之士"，就像我们今天所指的"战士"一样，包括所有拿枪操炮的兵士。另外，戟往往还以它的装备数量来象征一个国家的武装力量。戟是在戈和矛的基础上演进而成的。我国目前发现的最早的戟出现于商代。在河北藁城

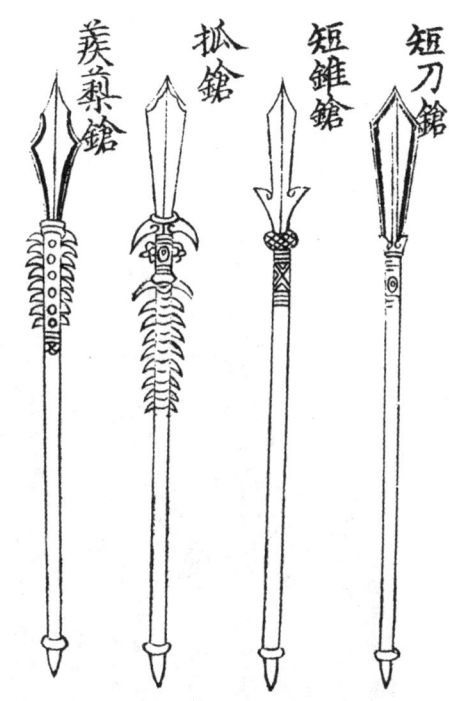

《武经总要》所载的宋代长兵器图

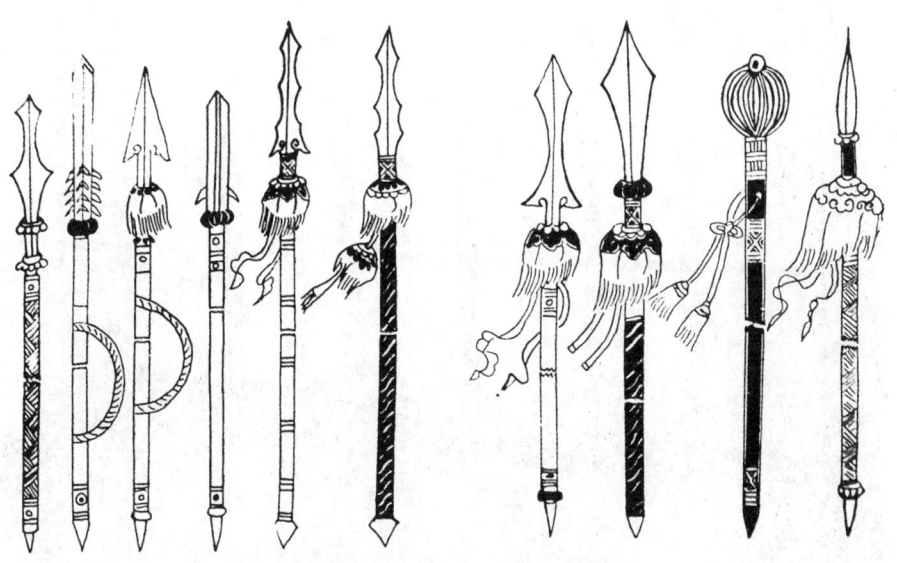

《武经总要》所载的宋代长兵器图

唐墓壁画中的列戟图

1	4
2	3	5

1. 秦代铜矛
2. 春秋铜矛
3. 西汉吊人铜矛
4. 战国郾王喜矛
5. 商代青铜长矛

第三章 冷兵器时代的各类兵器

西汉铁戟

台西的商代遗址出土的铜兵器中，有一件戈和矛连装在一个木柄上的长兵器，这便是戟的雏形。商周时期的戟大体上可分为两种：一种是以矛为主，旁生横刃，（即柲）装插在矛体的骹部。这种戟突出了矛的优势，刺杀有力，但勾啄易掉头。另一种以戈为主，前有援，尾有内，上有刺，下有胡，呈"十"字形。这种戟形体单薄，质脆易折，不适于实战，多属仪仗用的饰兵器。春秋战国时，战斗中使用的戟，仍将分制的戈和矛连装在木柄或竹柄上。这种青铜戟直刺有力，横钩不易脱落，有的戟还在长柄上端自上而下连装两件或三件戈头。例如湖北随县曾侯乙墓出土的兵器中有保存完整的长柄三戈戟。这就大大提高了戟的杀伤能力。战国末年，冶铁技术的发展催生了钢铁戟。钢铁质地较坚韧，铸成的戟刺尖锐修长。戟的形制也有所改进，由"十"字形进化为"卜"字形，故称"卜字铁戟"。由于戟刺杀效果不如枪，于是枪渐渐取代了戟。到唐代，戟退出了军用兵器的行列，成为一种表示身份等级的礼

战国早期的三戈戟

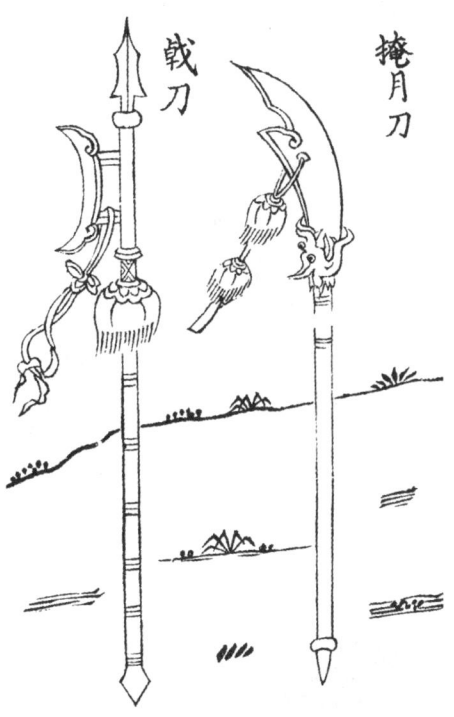

《武经总要》所载的宋代长兵器图

兵器,叫"稍戟",那时,戟是朝廷文武官员标识身份的仪仗物,门前列戟以示身份高低。

长刀,是我国古代一种安有长柄的砍杀兵器。它是由汉代的佩刀发展而来的。长刀由于直背直刃,柄长刃锋利,砍杀有力,很适合用于各种战斗场合,因而历来为兵家武将所推崇。魏晋南北朝时,长刀已成为骑兵的重要装备之一。这时的刀不仅制作工艺精细,而且装饰非常考究,刀上饰有各种鸟兽形象,并分别因意取名。唐代长刀又叫"陌刀",这种刀两面有刃,通长1丈,重7.5千克,是骑兵、

商代棱脊刀

1. 秦国吕不韦戈
2. 商代磬折曲内戈
3. 秦代铜戈
4. 宋公栾戈

5. 四川彭县（今四川彭州市）出土的战国蜀蝉纹菱形矛
6. 西汉手持形戈
7. 西周鱼骨纹短胡戈
8. 牛首纹三角援戈

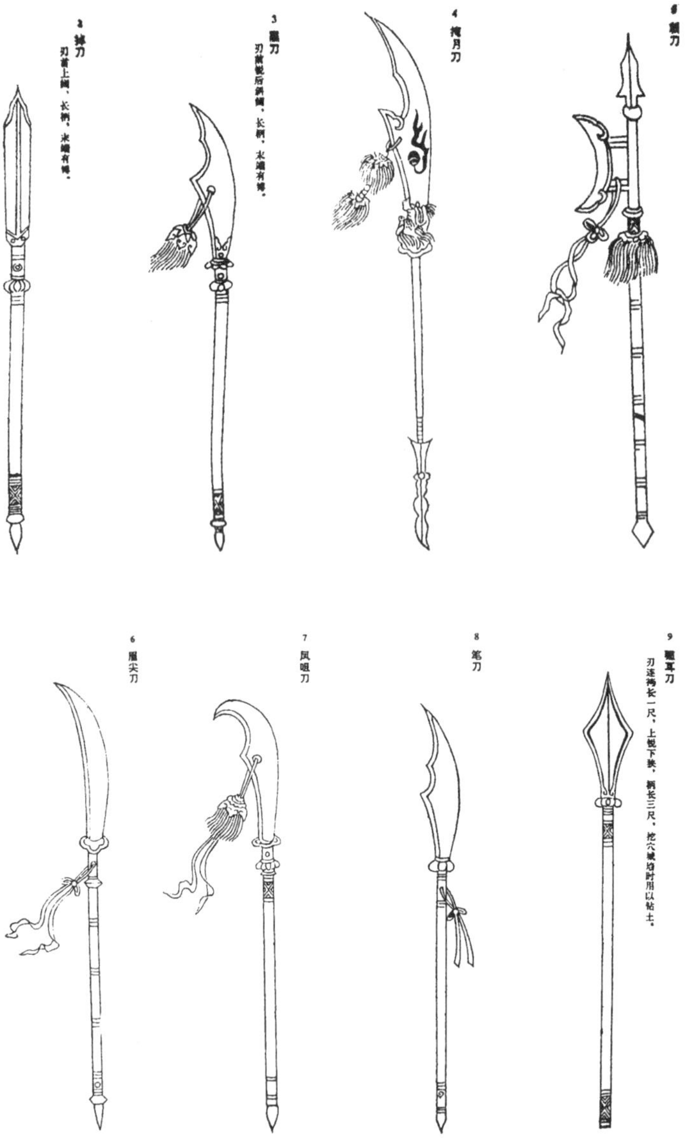

图说中国古代兵器与兵书

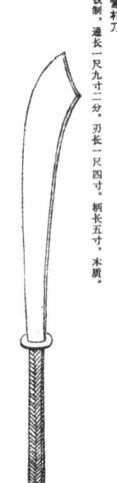

宋代各种长柄刀示意图

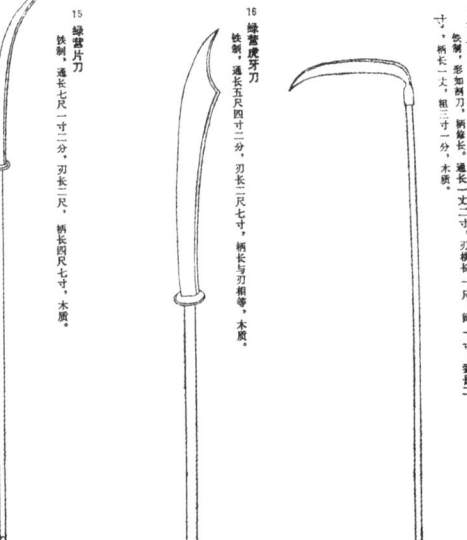

清代各种刀示意图

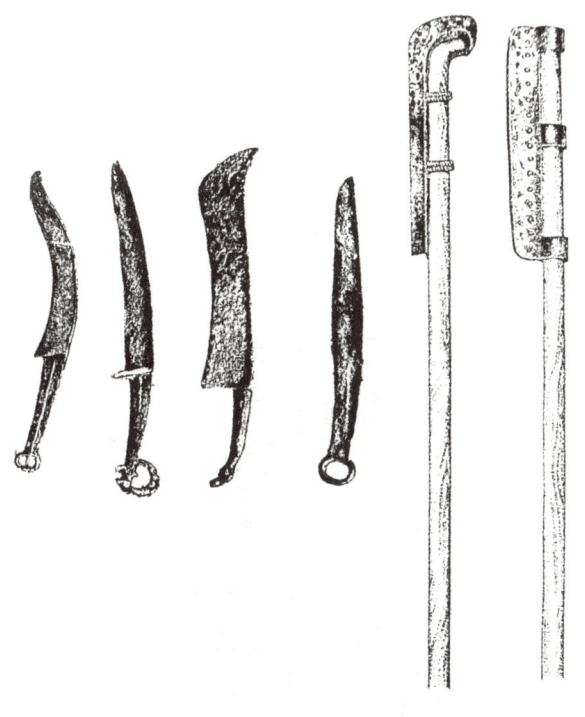

商代铜刀示意图

步兵的主要兵器，并有陌刀将统领专门组织的陌刀队作战。宋代长刀的形制进一步改进，由狭直的长条方刀头变为前锐后斜的形状。这时步兵使用的长刀叫"朴刀"。到了明代，在抗倭斗争的同时，一些兵器家吸收了日本刀的优点，改历代长杆短刃刀为短杆长刃。这种新式长刀，刃部长5尺，柄长1尺5寸，重1.4千克。双手握柄，猛力劈砍，可砍断敌人长兵器的木柄，甚至拦腰截断敌人身躯，杀伤力大为提高。另外，明代还保留了大量旧式长刀。有一种镰刀，刀脊背上突出一个大钩，是一种可勾可砍的两用兵器。明清时称长柄短刃的刀为"大刀"，称短柄长刃的刀为"长刀"。

戈，也是古代重要的长兵器之一。早在二里头文化时期就已经有了戈，但却盛行于春秋和战国初期的车兵时代，战车上一般配有"五兵"，包括弓矢、戈、戟、矛和夷矛，其中戈占有最重要的地位。戈是一种可以钩挽并啄刺敌人的装柄长兵器，戈由三部分组成，即戈头、柲、镈。戈头有"援"

商代青铜刀

与"内"两部分。援，就是突出的刃，主要用来勾啄敌人；内，就是援的后尾嵌入木柄的呈榫状的部分，内上有穿绳缚柄的孔，叫"穿"。柲，就是木柄。镈，是指安在末端的铜器。戈可以追溯到新石器时代，当时的人们为了有效地猎取野兽，往往在木柄或竹柄上装上石刃，这就是最早的石戈。在河南二里头文化遗址出土的青铜戈，距今已有 3500 年，是我国迄今为止发现的最早的戈。商周时期在战争中大量地使用戈，虽然形制有

西周大钺斧

商代铁刃钺

西汉铜戈及镈（用于宫廷仪仗）

西汉鸟形柲（安装于戈的顶端）

所不同，有直内戈、曲内戈、銎内戈之分，但杀伤敌人的原理都是一样的。战国时期戈的形制又有所改进，制造更加精良，但由于戟的出现，戈的地位每况愈下，到了战国晚期，青铜戈逐渐被"卜"字形铁戟取代。到东汉时期，戈作为实战兵器已经在战场上彻底绝迹了。

斧、钺通常被连称，二者的形制相似，都是用来劈砍的长兵器。区别在于钺是一种大斧，刃部宽阔，呈半月形，更多地用作礼仪兵器；斧则是一种用途极广的实用

商代青铜钺

商代铜钺

商代人面钺

西周兽面纹铜钺

东周青铜钺

商代妇好墓出土的大钺

春秋铜斧

工具。据《六韬》记载，周武王军中有大柄斧，刃宽8寸，重8斤，柄长5尺以上，名曰"钺"。斧钺在上古时代不仅是用于作战的兵器，而且是军权和国家统治权的象征。

钺是由原始社会的劳动工具——石斧演化而来的。石斧的历史大约可追溯到几十万年以前。那时人们用磨制粗糙的石斧砍斫器物、捕猎禽兽，是不可缺少的劳动工具之一。在新石器时代的文化遗址中，曾发现过一种磨制非常精细的石钺，钺体扁平，刃部宽阔，弧曲度大，两角微微上翘。这种精心制作的石钺显然不适宜砍伐林木或用于农作。据推测很可能是古人专门制造的原始兵器。商朝出现了用青铜铸造的钺。这时的青钺仍保留了石钺的特点：刃部弧曲宽阔，两角略微上翘，但钺身较薄。青铜钺的装柄方式为内安柲。钺身多饰有雷纹，并且花纹非常精致美观。商周时代斧钺类型很多，且质量优良。由于斧钺形体笨重，杀伤力远不如戈、刀、矛，所以渐渐脱离战场，成为一种礼兵器。曾在河南安阳殷墟发现的妇好墓中，出土了两件大型青铜钺。其刃部宽375~385毫米，重4.3~4.5千克。妇好是殷王武丁的妻子，她生前是一位骁勇善战的著名女统帅，曾多次率兵出征，这两件大钺正是她权威的象征。

　　三国时，斧钺的制作受到兵家重视。据说诸葛亮亲自督造战斧100把，质地优良。他还写下一篇《作斧教》告诫诸将，战斧质量好坏，"非小事也，若临敌，败人军事矣！"视斧与刀同等重要。晋代以后，斧钺的形制有了新变化，其刃部加宽，柄减短，便于操持，砍杀能力有所提高。依式样不同有长柄斧、凤头斧等。唐宋时期，斧钺流行军中，成千上万的军士持长斧作战。唐天宝年间，大将李嗣业与安禄山大战于香积寺，李嗣业率步卒3000持长柄斧、陌刀阻击敌军，打败了安禄山统率的强悍的北方骑兵。宋朝军队的主要敌手是西夏、契丹、女真的骑兵，而宋军在骑战中

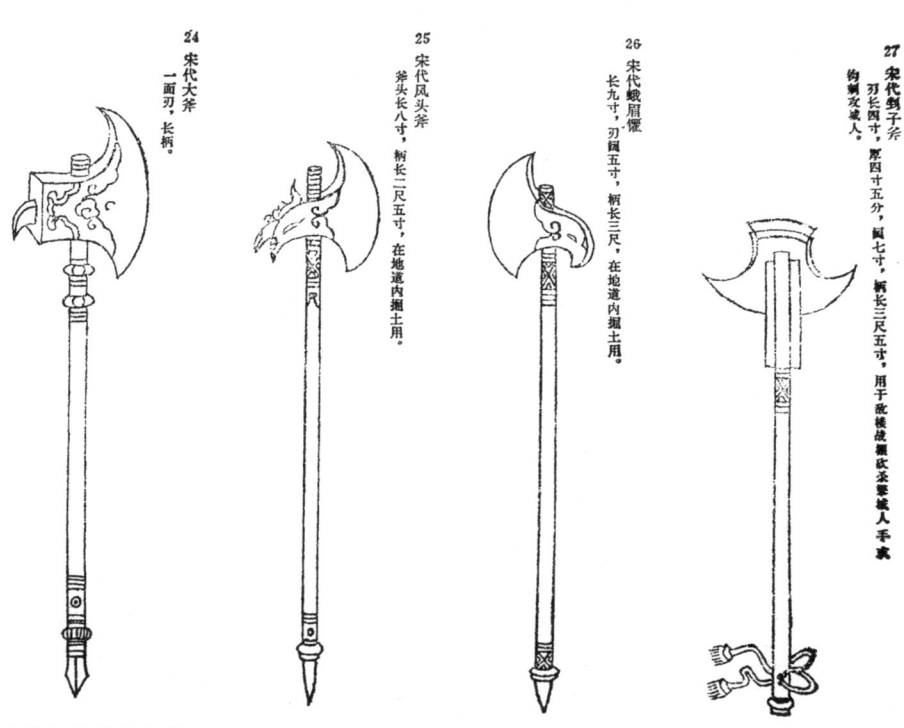

宋代各种长柄大斧

战国蜀平肩圆刃钺

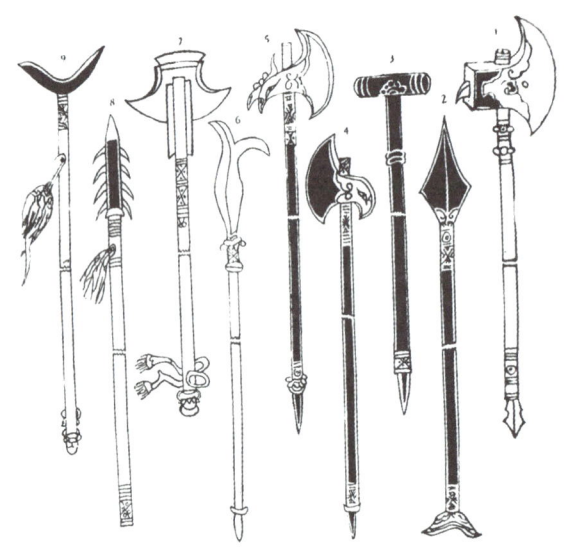

《武经总要》所载的宋代长兵器图

常处于劣势，主要靠步战取胜。所以，宋兵多持斧钺抗击辽金铁骑的冲击，以临敌制胜。南宋大将王德在一次对金兀术的战斗中，兀术以铁骑排成强大阵营，王德说，贼兵右面阵营坚固，我们先打右面，行近敌阵时，一金将横刀跃马而去，王德引弓射箭，一发毙敌。王德乘胜指挥兵马手持长斧排山倒海冲向金兵，金兵大败。从上述战例足以看出长斧在对抗敌骑兵队的战斗中曾显示出巨大威力。在古代战场上，斧作为一种实战兵器一直在城市防御战、水战中发挥作用，用它来做砍斫敌人的攻城器具，斩截敌舰帆缆等。

殳，也称为杵、杖、棓，后来又叫棍、棒，它是我国古代一种打击兵器，也是装备军队的重要实战武器。一般认为殳是由原始社会中狩猎用的竹木棍棒发展而来的。早期的殳，是一根八棱形的坚实粗木棒，长度一般为1.2丈左右。商周时代，车战盛行，据史籍记载，商代末期战争中已大量使用殳。殳柄为竹木混合制成，呈八棱柱形或圆柱形，在柄端安有青铜殳头，称为"首"。在柄尾安装有起保护作用、使柄尾经久耐用不开裂的细长铜帽，称作"铜"。秦代是大一统的年代，然而在这个时候，作为车战"五兵"之一的殳的功用，却在悄然退化。秦始皇陵兵马俑坑中出土的殳，全部都是青铜圆筒套头、无锋刃的仪仗性礼兵器。汉承秦制，汉代的礼仪中的殳被称作"金吾"，金吾也为铜制套头，两头镀金，并且有一种侍卫皇帝的官职——执金吾。三国时代，殳被称为"白棓"，仍大量装备军队。

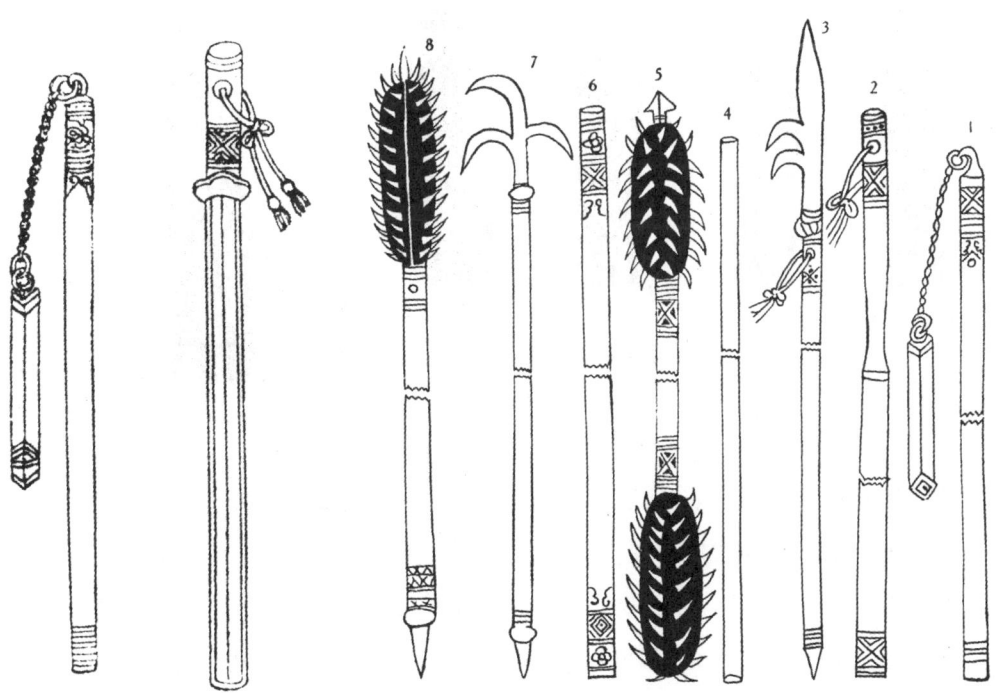

宋代铁链夹棍与铁铜示意图　　《武经总要》所载的宋代长兵器，其中包括棍类兵器

春秋青铜殳

秦代长铍

秦代铜殳

秦代铜短铍

宋代将殳称为棍棒,且有较大的发展,《武经总要》上图列了7种棍棒的形制,棒首大多带刃或包铁,杀伤力也进一步增强。作为宋代军队步战兵器的棍棒,与作为先秦的车战兵器的殳相比,木柄的长度大大减少,形制上也相对简化。即使在明代,火器普遍使用,棍棒仍然是军队中必备的实战兵器。此外,在秦始皇陵兵马俑坑还出土了铍,也是一种击刺类兵器,秦以后极少再使用。

弓箭、弩与抛石机

弓是抛射兵器中最古老的一种弹射武器。它由富有弹性的弓臂和柔韧的弓弦构成,当把拉弦张弓过程中积聚的力量在瞬间释放时,便可将扣在弓弦上的箭或弹丸射向远处的目标。弓箭的发源地尚不能确切断定,因为世界上许多民族在他们的早期阶段都使用过弓箭。中国迄今为止发现得最早的是旧石器时代的一枚石镞,即石头磨制的箭头,距今约2.8万年。据推测,这还不是我国最古老的箭头,我国祖先使用弓箭应该追溯到3万年以前。进入青铜器时代以后,不仅箭镞有了更为尖硬锐利的铜镞,而且弓的形制也更加富有弹力。商代的弓,其拊部向射手一侧明显凹陷,当拉弦释弓时,弓体向相反方向拘曲,比原始的单体弓更为强劲,可在

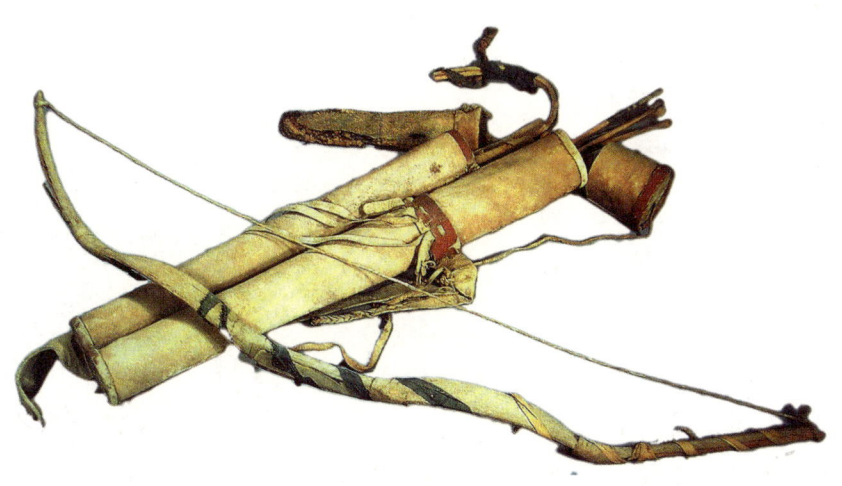

新疆尼雅出土的弓箭、弓袋、刀鞘

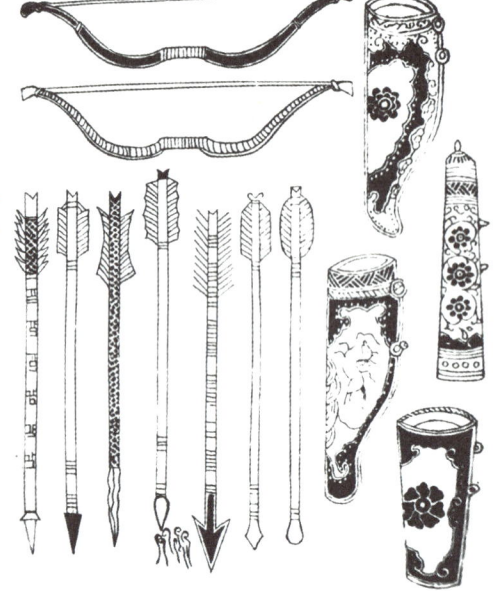

宋代的各种弓与箭

张弦后保持较强的弹性，大大延伸了射程。弓箭用于人类战争的确切年代尚不十分清楚。但到春秋时期，弓箭已成为军队中重要的远射兵器。战国时期弓的制造使用的是干、角、筋、胶、丝、漆，六材俱全，算是古代一种复合弓。后来弓的变化都是体现在选材和制作上，基本式样没有多大变化。汉代时，制作的弓箭更加利于实战，造出许多用于步战、水战、骑战的各种弓箭。有虎贲弓、雕弓、角端弓、路弓、强弓等。唐代弓分为长弓、角弓、稍弓和格弓四种。长弓用于步战，角弓用于骑战，稍弓和格弓是狩猎用弓和皇朝禁卫军用弓。唐宋以后直到明清，弓的形制日趋单一化，大致可分为常用弓和练习弓。前者注重射击的准确度，后者练习张弓的臂力。

古人称箭为"矢"箭头叫"镞"或"镝"。各种弓弩都使用矢，可以说，矢与弓是同时代的产物。最早的矢很简单，用一根树棍或竹竿，截成一定长

清代皇帝围猎囊鞬

西汉箭囊局部

新石器石镞

度的箭杆，把一端削尖即成箭。而矢的真正起源时间应是原始社会石器时代，人们把石片、骨或贝壳磨制成尖利的形状，安装在矢杆一端，这就制成了有石镞、骨镞或贝镞的矢了，比起单用木棍或竹竿削成的箭可算前进了一大步。商代遗址中曾出土了带铜镞的箭，全长 85 厘米，并有皮革制的箭袋。殷墟出土的铜镞有四种：一是薄匕式，类似匕首的锋部，镞中有脊，两侧分叶，外缘带刃，两刃向前聚成锋并向后形成倒刺；二是三棱式，这种镞呈长条形，有三刃棱，上有尖锋，下出铤；三是圆锥式，镞头短而体轻，上锐下圆，形似圆锥；四是平头式，形如圆柱，镞头平而无锋，仅可撞击不能射杀，是专门用作习射时的"志矢"。在实战中证明"三

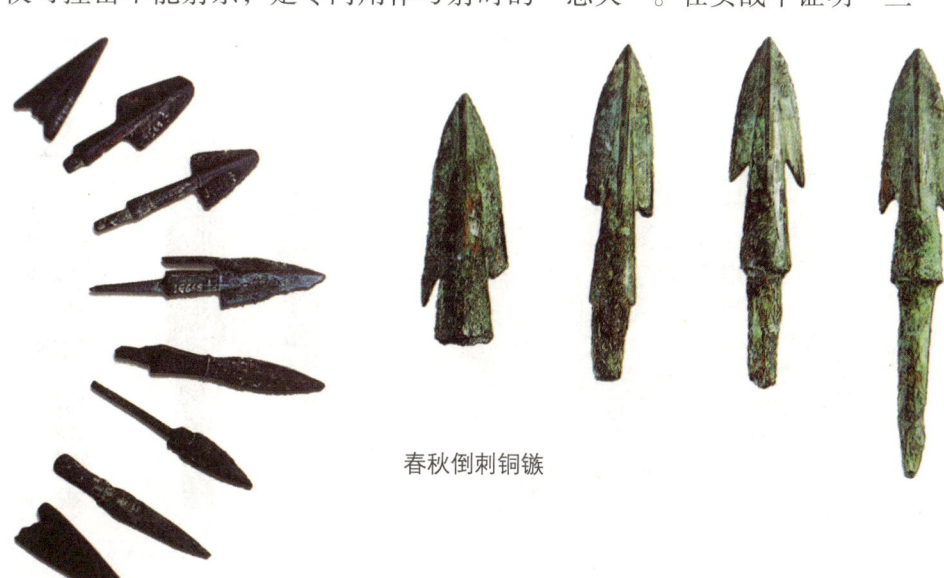

春秋倒刺铜镞

春秋各式青铜镞

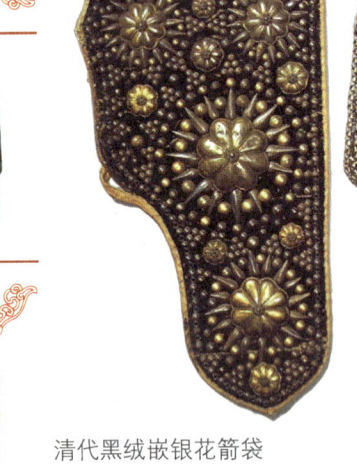
清代黑绒嵌银花箭袋

春秋青铜镞

"棱式镞"最适用,其优点是:制作简便,镞体坚固,镞锋锐利,穿透力强。所以,到战国末年,三棱铜镞以其优势逐步取代了各式铜镞,成为箭镞的主要形制。陕西秦俑坑出土的铜镞数以万计,三棱铜镞占99.85%,足以说明先秦时期已由多种镞型趋于单一形式的三棱镞。箭杆古代称"梃干",一般用竹或木两种材料制作。古时候人们把用竹制作的箭杆称为箭,把木制的称为"矢"。古人对箭羽的选择及用量的多少都有严格的规定。如果羽毛太多,会减慢箭的飞行速度,射程缩短;如果羽毛过少,飞行时箭身不平衡,影响准确度,因此必须有恰当的比例。随着金属铠甲的出现,要求箭更具穿透力。晋代多用钢铁箭镞。唐代箭为竹箭、木箭、兵箭、弩箭四种,前两种用于狩猎,后两种用于战斗。用于战斗的箭镞用钢制成,

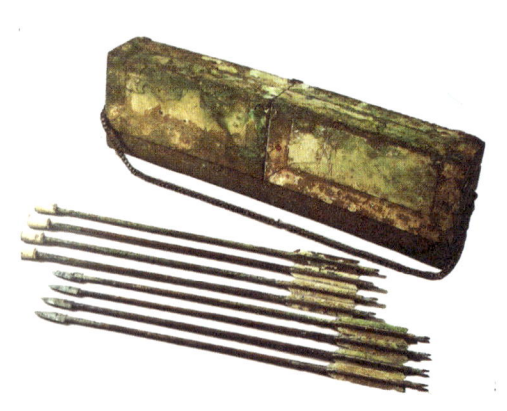
秦兵马俑坑出土的箭匣与箭镞

秦代铜镞

刃部较长，能穿透坚甲。直到明清时期，箭的制造也没有大的变化，唯一的变化就是制造了"鸣镝"，即在箭镞上加了一个用骨或兽角制成的小哨，飞行时可发出响声。这种鸣镝曾被匈奴人使用过，但在军队中大量装备则是在明清时期。

弩，是古代装有"延时结构"、利用机械力量射箭的弓，是在弓的基础上发展起来的一种兵器。不过弩与弓不同的是，其射程远、杀伤力大、命中率高，所以弩应是一种威力更大的远射兵器。弩的构造比较复杂，要在弓上安装木臂和简单的机械装置，主要由弩机、弩臂和弩弓三部分组成。弩臂用坚木制成，木臂正面有一条放置箭的沟形矢道，使发射的箭能直线前进。弩弓一般是用多层竹木材料制成复合弓，再加上弦组成的，形似扁担，故俗称为"弩担"。弩机安装在木臂的后面，用金属制成，牙勾住弓弦，上面装有

三国蜀汉铜弩机

秦兵俑坑出土的铜镞

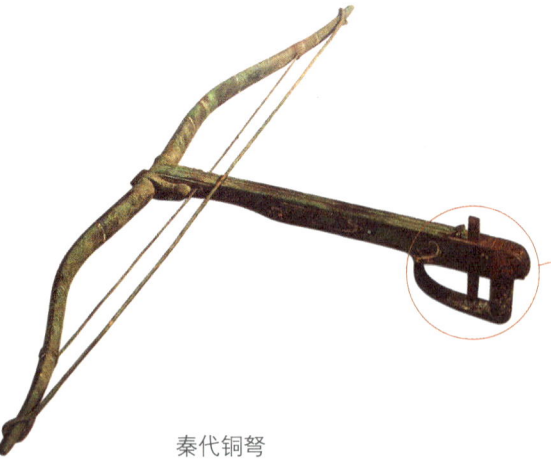

秦代铜弩

秦代铜弩机局部

"望山",即瞄准器,下面装有悬刀作为扳机。发射时,把悬刀一扳,牙就缩下,牙所勾住的弦就弹出,从而使箭发射出去。

弩的发明较早,大概是在原始社会末期,但用于战争却是在春秋晚期。战国时期弩已经成为重要的远射兵器,《孙膑兵法》记载的6条阵法中,就有一种叫"劲弩趋发"。汉代的弩有了很大的进步,发明了能连续射箭的连弩,并出现了铁弩机,弩机的望山带有刻度,从而使其射击目标更准确。汉代的军队装备着1石、2石、3石和10石的弩,并组成了叫作"材官"的弩兵部队。唐代的弩分为7类,

西汉矢箙和箭

西汉错金银弩机

三国魏正始二年造铜弩机

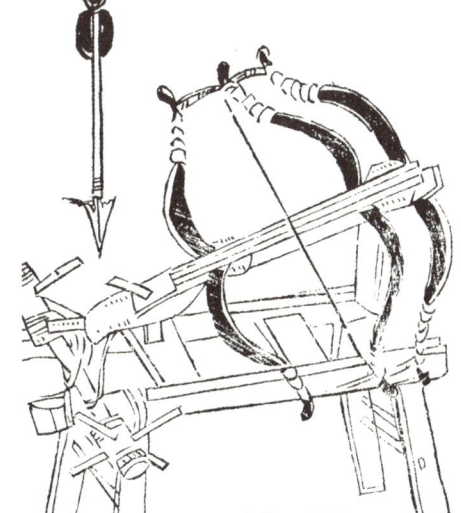

《武经总要》所载的宋代弩图

即擘张弩、角弓弩、木单弩、大木单弩、竹竿弩、大竹竿弩、伏远弩等。当时有一种威力极大的车弩，其镞刃长7寸，箭杆长3尺，围粗5寸，射程达700步。宋代发明的床子弩是一种重武器，它是依靠几张弓的合力将一支箭射出，往往要几十人拉弓才可拉开，射程可达500米。澶渊之盟前夕，契丹大将就是中了床子弩箭而阵亡的，使契丹士气大挫，并促成了双方的罢兵和谈。此后，历代都把弩作为重要的作战兵器，直到清代鸦片战争后，随着火器的发展，弩才逐渐被淘汰。

抛石机是我国发明的另一种远射兵器。据唐代的一部兵书《神机制敌太白阴经》记载，抛石机通身用木料制成，架上方横置一个可以转动

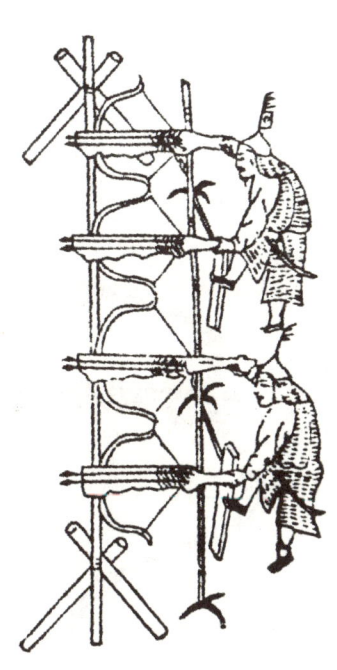

明代神臂床子连城弩（左）与明代双飞弩（右）

战国投掷武器——银球弹

的轴,固定在轴上的长杆称为"梢",起杠杆作用。只有一根木杆的称为"单梢",设多根木杆的叫"多梢",梢越多,可以抛射的石弹就越重、越远。古代梢最多可达13梢。制梢所选用的木料需要经过特殊加工,使之既坚固又富有弹性。梢的一端系有"皮窝",内装石弹,另一端系索,长约数丈,小型的索在1~10条不等,大型多达百条以上,每根由1~2人拉拽。抛掷石弹时,先由一人瞄准定放,拉索人同时猛拽索,当梢系索一端猛落的同时,另一端的皮窝迅速甩起。石弹借惯性猛地抛出,射程可达数百步。相传抛石机发明于周代,叫"抛车"。南北朝时期出现了将砲安装在车上的"拍车",或将砲安装在船上的"拍船"可以随军机动作用,成为当时的重武器。唐宋以后,抛车的品种日渐增多,抛车的形制比过去加大,使用更为普遍。这一时期抛车可分为轻型、中型、重型三种:轻型抛车,由两人施放,石弹重半斤;中型抛车用40~100人拉索,可发射重约13千克的石弹,射程达80步;重型抛车有5梢、7梢,要150~250人拉索,发35~50千克重的石弹,射程可达50步。元世祖至

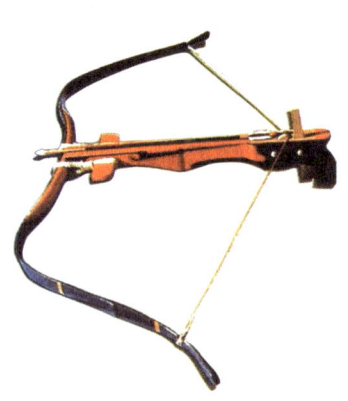

汉代木漆弩复原模型

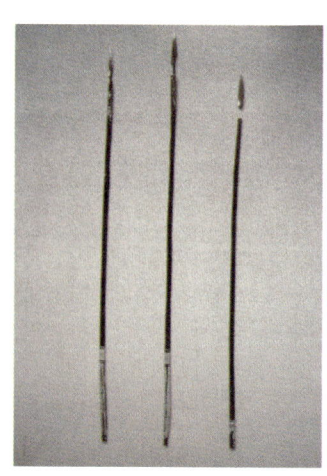

西汉箭

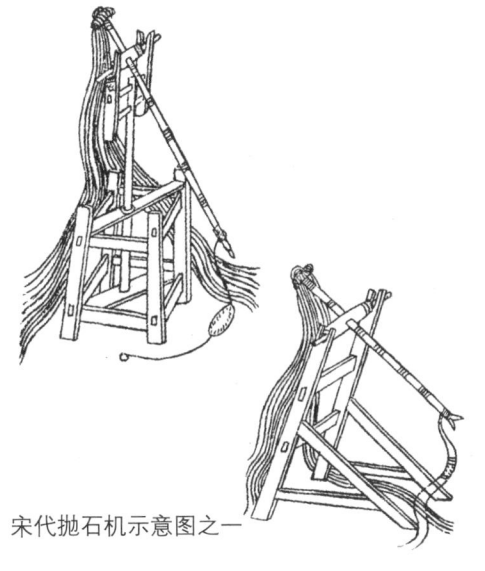
宋代抛石机示意图之一

宋代抛石机示意图之二

元十年（1273年），元军攻打襄阳，使用一种巨型抛石机，可发射 75 千克重的石弹。据说这种抛石机是一名西域人制造的，所以人们称它"回回炮"。抛石机长久使用的是用石头制作的弹，后来出现过一些带毒烟、毒药的化学弹、烟幕弹及燃烧弹，这类弹不像石弹那样靠重力去毁伤敌人，而是利用毒气、毒药、烟火的作用熏杀敌人，可以说这是古代化学战的一种形式。明代以后，火炮成为主要的攻守武器，抛车逐渐退出了战场，至清代已完全被火器所替代。

清郎世宁绘《乾隆平定西域战图》局部

攻守城的各类器械

城是中国历代统治者建立的政治、经济、文化中心，也是区域内人口最为集中之地。早在夏代我国就已经有了城的出现，此后历代统治者都非常重视城的建设，除了重视发展城经济外，还特别重视城防御功能的健全，比如加固城墙设置敌楼、烽燧等。因此，城乃历代兵家必争之地，是其进攻的主要对象。围绕着城的攻守，在我国古代军事史上演了一幕幕轰轰烈烈的精彩的场面。为了夺取战争的胜利，历代莫不重视攻守城池的器械的建造，创造了许许多多的攻守器械。

以攻城器械为例，主要有折叠桥、填壕车、行天桥、蹾头飞梯、竹飞梯、

宋代攻守城器械模型

楼炮、云梯、木幔、搭天车、搭车、撞车、望楼车、行女墙等。其中折叠桥与云梯的功能基本相似，都是用来爬城的器械；竹飞梯由独竿大竹制成，中间安有脚镫，可供兵士登城用，其与云梯相比，主要是轻便易移动，但长度有限，对高大的城墙来说则用处不大。

云梯最初比较简单，类似于今天的木梯，只是更长一些而已。至宋代时，云梯已经发展成为大型的攻城器械，下部安有6~8个轮子，除了仍有攀城的功能外，还有防盾、绞车、抓钩等多种设施。

填壕车主要为进攻一方顺利渡过护城河所用，车下有轮，进攻时只要将其推至河边，放下折叠的桥身，攻城兵士即可通过桥身踏上对岸。

行天桥与躔头飞梯都是登城的器械，不同的是躔头飞梯在其顶部安装有1~2个轮子，攻城时兵士可以将梯子搭上城墙，顺墙体向上推动，可以比较轻松地将梯子推上城墙顶部；而行天桥比较坚固，体积较大，在天桥下部安有4~6个木轮，进攻时须将其推至城下，将天桥靠在城墙上，以便兵士向上攀登。

楼炮就是将火炮架设在高高的木制车上，炮口向上，用来轰击守城军队。

木幔通常用皮革或厚布制成，安置在木车上，车上设置有一根长杆，杆的顶头挂有布幔，杆的中部固定在一横木上，攻城时利用杠杆的原理，

湖北江陵宾阳门瓮城内景　江苏苏州盘门全景

将有布幔的一头张开，以防御对面的矢石伤人。

搭天车也是攀登城墙的器械，相当于活动的云梯，与同类的其他器械不同的是，天车的顶部安装有用金属制成的搭钩，可以将梯子牢牢地固定在城头上，使守城方不能轻易掀翻梯子。而搭车则是将一根长杆固定在车上，杆的顶部装有金属利齿，攻至城下后，可以操纵长杆打击防守的敌人，也可以用来拆毁城上的女墙。

撞车是用来撞击城门的，望楼车则用来观察城内的敌情，只有行女墙具有进攻功能。行女墙一般比较高大坚固，其高度至少与城墙的高度

宋代填壕车

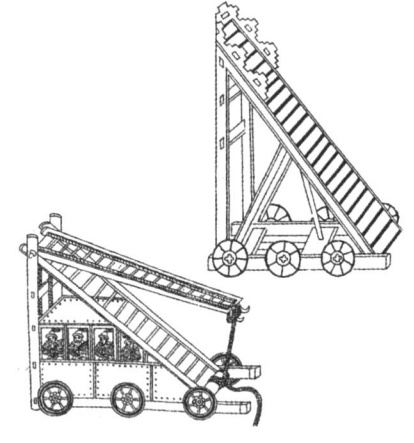

宋代行天桥与云梯

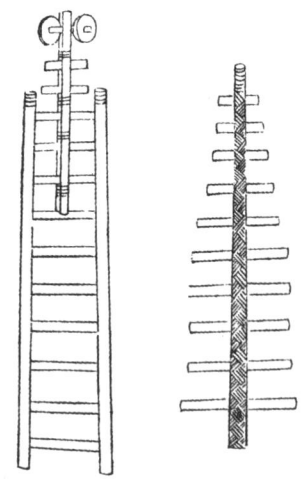

蹑头飞梯与竹飞梯

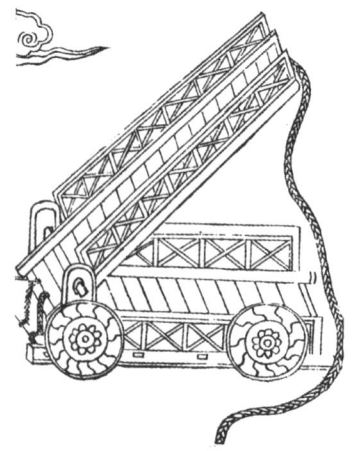

宋代折叠桥

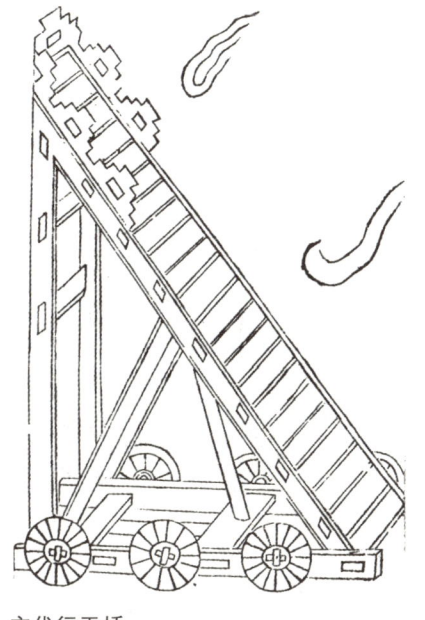

宋代行天桥

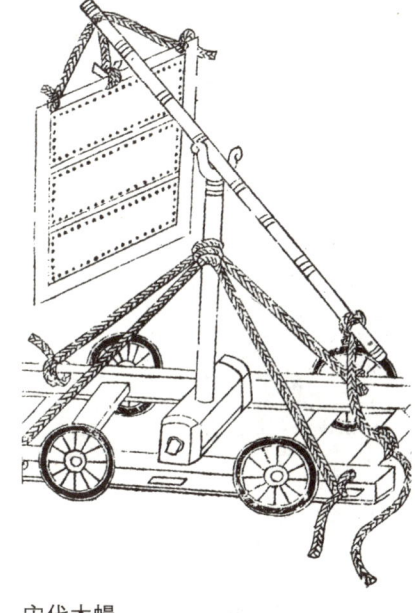

宋代木幔

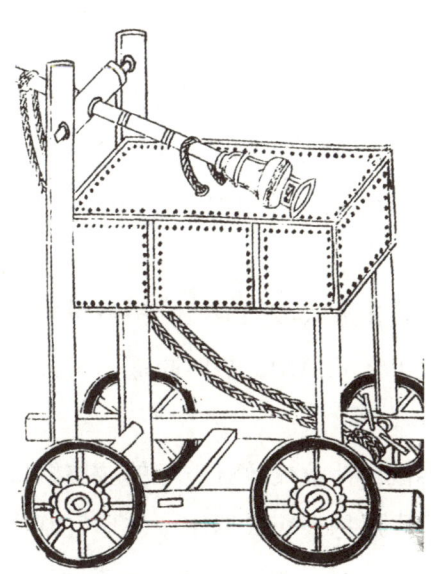

明代攻城楼炮

相当，上部可以供若干兵士乘用，四周有类似于城池女墙的防护设施。作战时推至城墙下，以便使乘用的兵士能与守城方处在相同的高度上，改变不利的战斗方位。

守城器械的种类也比较多，常见有塞门车、檑木、飞钩、狼牙拍、城门插板、吊桥等。塞门车用硬木制成，较宽，前端装有尖利的刀刺，当城门被摧毁后，用以堵塞城门，防止敌人冲入城内，也可以用于巷战，阻止敌人继续前进。檑木由粗大的圆木制成，上面装有狼牙般的金属利刃，守城时投下，杀伤力极强。

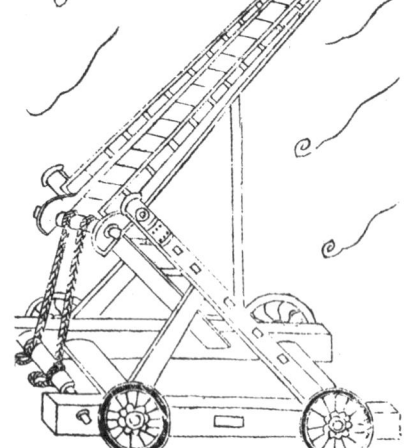

宋代搭天车　　　　　　　　　宋代搭车

　　飞钩由铁链与金属钩组成，飞钩又名"铁鹞"，它的设计有点像钓鱼竿，末端利用一段铁链来增加抛掷时的稳定性，然后再加上钩锋长利的铁钩。铁钩是运用在敌军士兵穿着沉重的铁甲攻城时，因为头戴厚笠，又担心矢石攻击，不敢抬头的心理，只要他们聚集在城下，就立刻将飞钩抛下，飞钩会钩住盔甲，每次可以钩到两三个人。

　　狼牙拍的拍面是由长1.57公尺、宽1.41公尺、厚3寸的榆木板钉满5寸长、重6两的狼牙铁钉2200个，四面各装上一刀刃，以加强杀伤力。狼牙拍的操作是由两组绳子来控制的，敌军一旦攻城，就用一组绳子将拍面举起，并与城墙垂直，待敌军攀爬至拍面下方，立刻将拍放下。

　　城门插板主要是用来加固城门的，防止敌人破门而入；吊桥设置在城门之外的护城河边，平时放下供行人出入城使用，战时拉起，可以将敌人隔绝在护城河对面。

　　此外，还有防止敌人挖掘地道的器械，补救被敌方破坏的城墙缺口的器械，防御敌人爬墙的器械等。在明代还把火药武器用于守城，制造了"万人敌"，它用泥制成球状，外装以木框，内装以火药，抛于城下，可杀伤大量敌人。所有这些攻守城的器械互相配合使用，从而形成了我国古代一套完整的具有鲜明特点的攻守城器械。

宋代攻城撞车

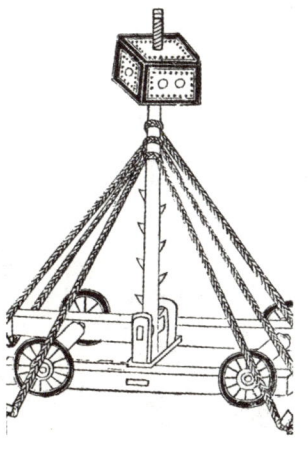
宋代望楼车

宋代行女墙

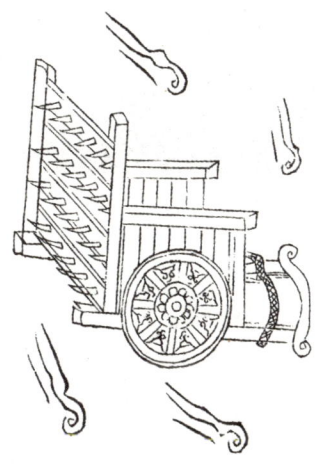
宋代塞门刀车

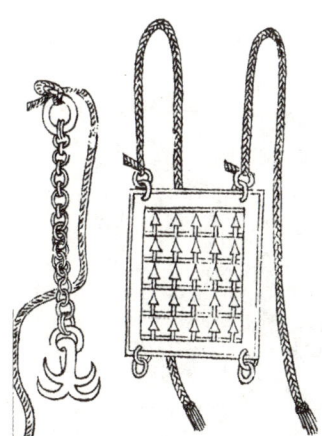
飞钩与狼牙拍

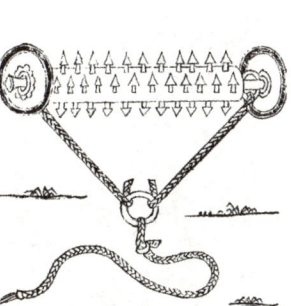
檑木与夜叉檑

第三章　冷兵器时代的各类兵器

明山海关城

明代城火器万人敌

障碍类器械

障碍类器械是古代战争中用于阻止和迟滞敌方行动的器械，尤其对于骑兵具有一定的杀伤力。我国古代常见的障碍类器械有拒马枪、铁蒺藜、鹿角木、绊马索、地涩等，此外，挖掘陷马坑与设置机桥也是阻止和杀伤敌骑兵的一种措施。

拒马枪，是古代战争中经常使用的阻滞敌军人马的一种可以移动的障碍物，通常以木制成。拒马枪早在商周时期就已经出现了，关于其形制，《太白阴经》说："以木径二尺，长短随事，十字凿孔，纵横安括，长一丈，

汉代画像砖骑兵图

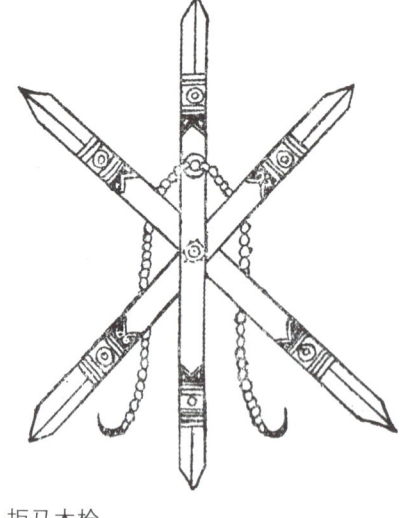

拒马木枪

锐其端,可以塞城门要道,人马不得奔前。"意思是说用直径2尺的圆木一根,长短随具体情况而定,在上面十字凿孔,然后再安上若干根长一丈的木杆,将其顶端削尖,布设于城门或交通要道,用于阻滞敌军的行动。宋代的拒马枪通常用几根竹子制成,竹两端削尖,交竿相贯,再用铁索将其相互联贯起来。这种拒马枪比较轻便,用于布阵、立营、拒险、塞孔等。明代的拒马枪有多种,如近守拒马鹿角枪、远驮固营拒马枪,戚继光甚至还使用过铁制的小型拒马枪。

铁蒺藜,俗称扎马钉,因其形制像蒺藜而得名。这种器械构造比较简单,通常带有数根外伸的尖锐铁齿,每根长数厘米,多数中央有孔,可以用绳子串联,非常便于携带、布设。一般布设在敌军经过的道路或浅水处,可以扎伤敌方人马,从而起到阻滞敌军行动的作用。这种器械使用的起始时间还不好定论,大约始于战国时期。到了西汉时期,铁蒺藜的使用已经比较普遍了,直到元明时期,它仍然是战争中经常使用的一种器械。

鹿角木,是长数尺的像鹿角一样带有锐角的坚木,插入土中一尺多,目的是用于阻挡骑兵。在布设时要根据具体地形而定,或宽数丈,或数十丈,也可在营寨四周布设,可以起到防止敌军偷袭的作用。

绊马索,是一种最简单的器械,用以绊拖马足,通常事先布设于交通要道,若敌骑兵疾驰而来,待其靠近时,埋伏于道路两旁的人员拉起

明永乐七年铜火铳

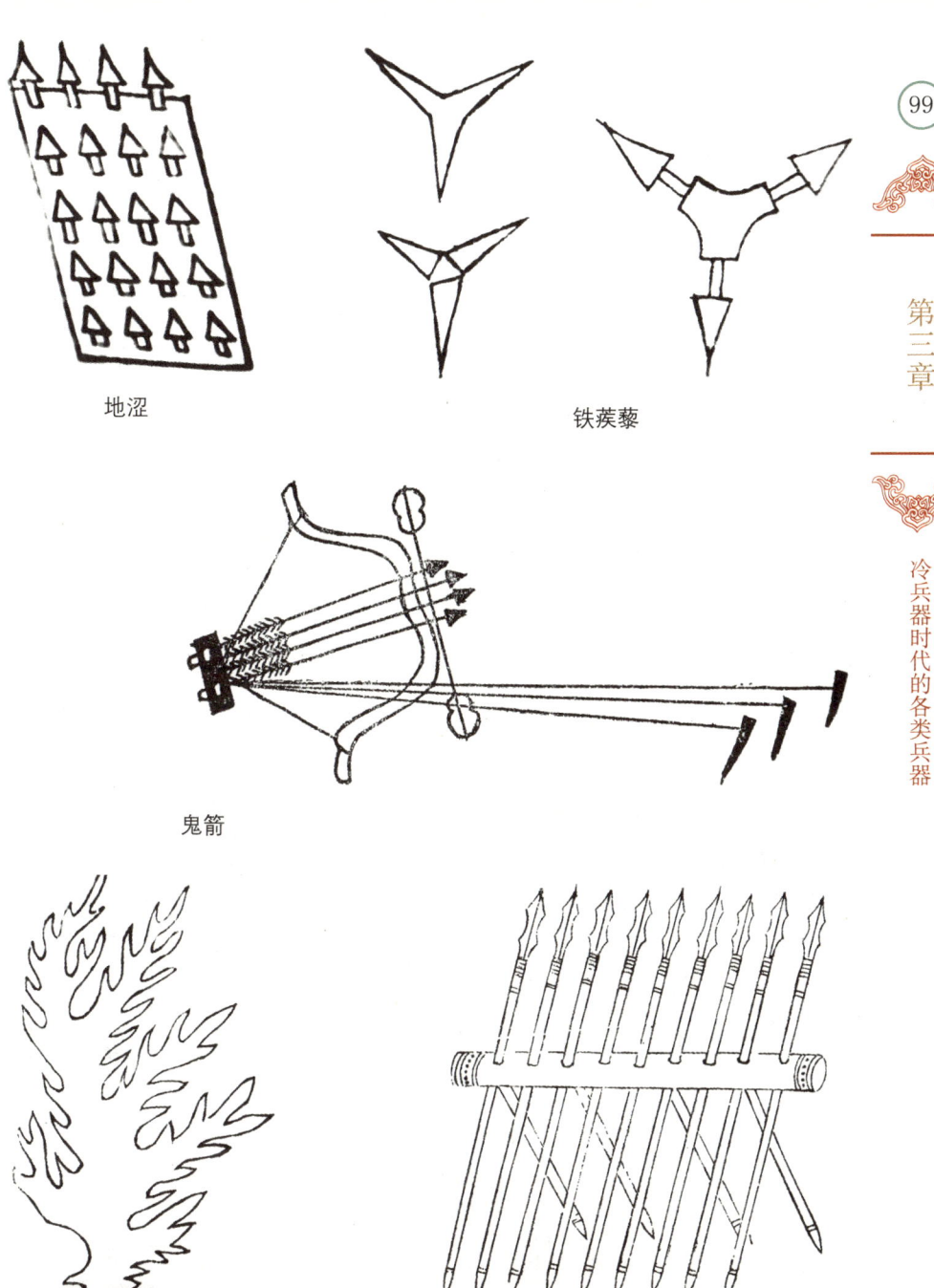

地涩　　　　　　　　　铁蒺藜

鬼箭

鹿角木示意图　　　　《武经总要》所载拒马枪

绊马索，可使战马失蹄、骑兵落马。古代还有一种类似于绊马索的器械，叫作"马拖"，在绳索的一端编成活套（也称为"踢圈"），另一端系有铁枪，如马足被套，继续前进，则另一端所系的铁枪就会自戳马腹，从而达到杀伤敌马的目的。

地涩，将倒须钉入长3尺、宽2尺、厚3寸的木板，布设于通道之上，用以阻塞敌人及其马匹的行动。

陷马坑,根据文献记载,宋代陷马坑长约5尺,宽3尺,深4尺,坑中底部布满削尖并用火烤过的鹿角枪和竹签,坑的排法是"巨"字形。据《通典》记载,唐代的陷马坑是以"亚"字形排列,长5尺,宽1尺,深3尺。可见,宋代的陷马坑较唐代大。坑上以鱼草或种草茵覆盖,借以欺敌。陷马坑一般设置于敌人通行的道路和城门的内外两侧。

机桥是一种陷阱装置,主要部署在壕沟上,平常与正常的便桥无异,但是,有敌军攻城时,则可将桔木取下,敌军一踏上桥面,桥就立刻翻覆。飞辕塞车,设在险要之处,用以阻拒敌军冲突。鬼箭,通常设在敌军经过之处,有三四索拦阻,敌军人马经过时,触动细索,则乱箭射出,从而达到阻滞和杀伤敌兵的目的。

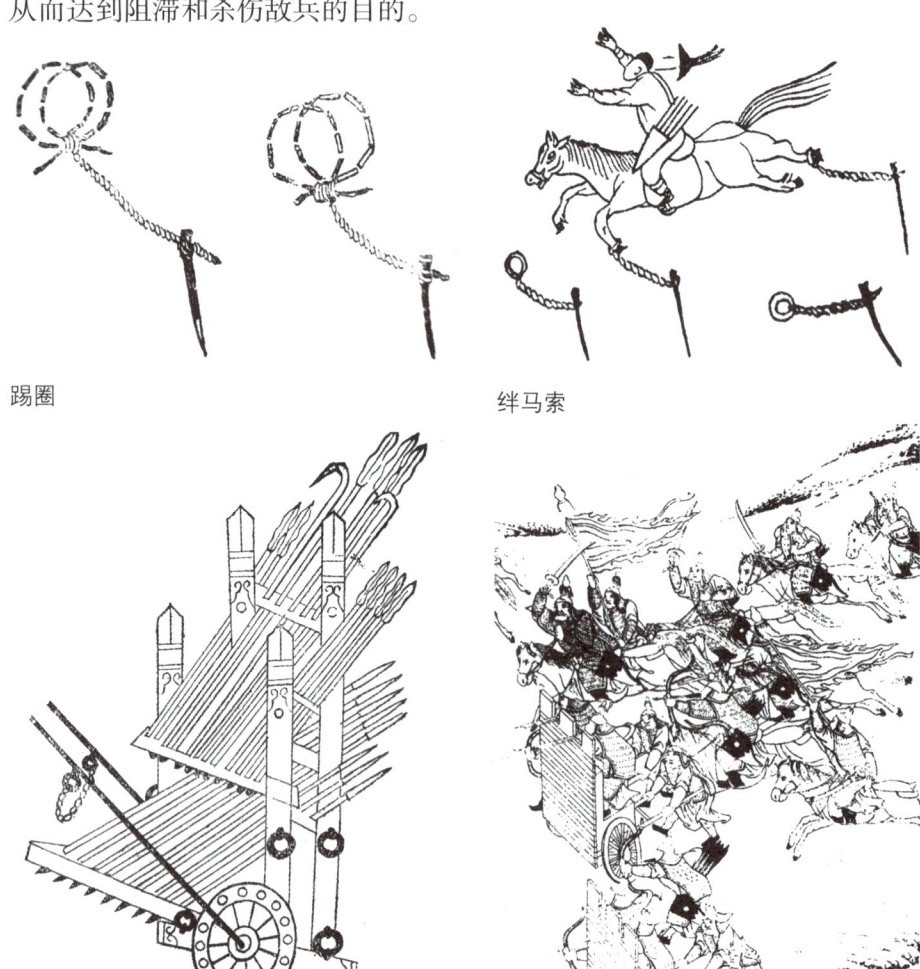

踢圈　　　　　　　　　　　绊马索

飞辕塞车　　　　　　　　　清军使用的防护板

第四章
战车、骑兵与战船

战车、骑兵与战船都曾在战争中扮演过重要的角色，都与需要特殊装备的军队相关。它们同时又都是古老的兵种，有着悠久的历史，在长达数千年的历史长河中几经演变，发挥着重要的军事作用。随着历史进程的推进，有的完成了自己的历史任务，退出了军事舞台，有的则经过脱胎换骨后继续叱咤风云。回顾这些兵种的发展历史，可以感受到我国人民聪明才智的光辉是那么的光彩夺目，从而增强民族自豪感，鼓舞我们继续进取的信心，为建设伟大强盛的国家而努力奋斗。

历代战车

战车，指中国古代在战争中用于攻守的车辆。攻车直接对敌作战，守车用于屯守并载运辎重。一般文献中习惯将攻车称为战车，或兵车、革车、武车、轻车和长毂。关于车的起源，传说黄帝时就已经有车子了，但也有人认为车是夏初奚仲发明的。最初多用于运输和狩猎，战车就是由狩猎的车子逐渐演变过来的。

陕西丰镐遗址发现的车轮痕迹

夏朝已有战车和小规模的车战。从商经西周至春秋，战车一直是军队的主要装备，车战是主要作战方式。商周时期战车的形制，在《考工记》中有较详细的记述。1936年，河南省安阳市殷墟车马坑中首次出土了一辆商朝战车。坑中南端并排着器具、马骨，车内外分布着3套兵器。根据文献记载和出土实物来看，商周时期战车的形制基本相同，均为独辕（辀）、两轮、长毂；横宽竖短的长方形车厢（舆），车厢门开在后方；车辕后端压置在车厢与车轴之间，辕尾稍露出厢

商代战车复原模型

河南三门峡虢国墓地 15 号车复原图

战国战车复原图

第四章 战车、骑兵与战船

后，辕前端横置车衡，衡上缚两轭用以驾马。商朝战车轮径较大，多为130~140厘米，春秋时期缩小为124厘米左右；车厢宽度一般为130~160厘米，进深80~100厘米。由于轮径大，车厢宽而进深短，而且又是单辕，为了加大稳定性及保护舆侧不被敌车迫近，战车的车毂一般均远比民用车的车毂长。根据对有关出土车辆主要部位尺寸的测定和比较可知，商周时期战车结构的变化是轨宽逐渐减小，车辕逐渐缩短，而轮上辐条的数目则逐渐增多。其目的显然是为了提高战车的速度和灵活性。战车为木质结构，一般在重要部位装有青铜件，通称车器，用以加固和装饰。

河南安阳郭家庄商代墓葬中的M52车复原图

战国时期已开始在轴毂之间装置铁锏，以减少轴毂的摩擦。据河南省洛阳市中州路战国车马坑出土实物可知，铁锏为半筒形瓦状，每轮4块，均以铁钉固定在轴杆上。饰是包在车轮辋上的铜片，纵断面呈U形，固定在轮辋上的接缝处。轮辋为双层结构，每层均由两个半圆形木圈拼成，

湖北宜城西周车马坑4号车复原图

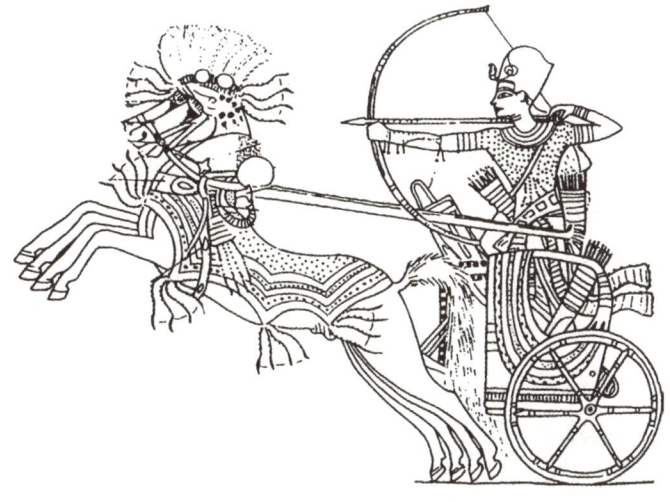

西亚、埃及战车与中国古代战车相比,有许多相似之处

里外两面的接缝错开,互成直角,造成每一轮辋有 4 个接缝处,用 4 个饰加以紧固。

战车每车驾 2 匹或 4 匹马。4 匹驾马中间的 2 匹称"两服",用缚在衡上的轭架在车辕两侧。左右的 2 匹成"两骖",以皮条系在车前,合称为"驷"。马具有铜制的马衔和马笼嘴,这是御马的关键用具。马体亦有铜饰,主要有马镳、当卢、马冠、月题、马脊背饰、马鞍饰、环、铃等。每辆战车载甲士 3 名,按左、中、右排列。左方甲士持弓,主射,

陕西宝鸡茹家庄出土的西周 1 号车复原图

是一车之首，称"车左"，又称"甲首"；右方甲士执戈，主击刺，并有为战车排除障碍之责，称"车右"，又称"参乘"；中为驾驭战车的御者，只随身佩带卫体兵器短剑。这种乘法可以追溯到商朝。据《左传》等中国古代文献记载，西周和春秋时期的乘法也与此相同。此外，还有4人共乘之法，称为"驷乘"，但这是临时搭载性质，并非通例。除3名甲士随身佩持的兵器外，车上还备有若干有柄的格斗兵器，这些兵器是戈、殳、戟、酋矛、夷矛，合称"车之五兵"，这些兵器插放在战车舆侧，供甲士在作战中使用。以上只是文献记载的情况，但是在实际出土的战车上，所配置的兵器品种却往往没有这样齐全。

国君所乘的战车称为"戎车"，其形制与一般战车基本相同。春秋中期以后，军队中出现了专职将帅，国君已经不必亲登战车指挥作战，因此戎车便失去其作为国君专乘的意义，而成为将帅的指挥车。

每乘战车除车上的3名甲士以外，还隶属有固定数目的徒兵，称之为"卒"。这些徒兵和每乘战车编在一起，再加上相应的后勤车辆与徒役，便构成当时军队的一个基本编制单位，称为一乘。这一情况反映出当时的军队以战车为中心的编制特点。

在车战的起始阶段，使用战车的数量较少。据《吕氏春秋》记载，

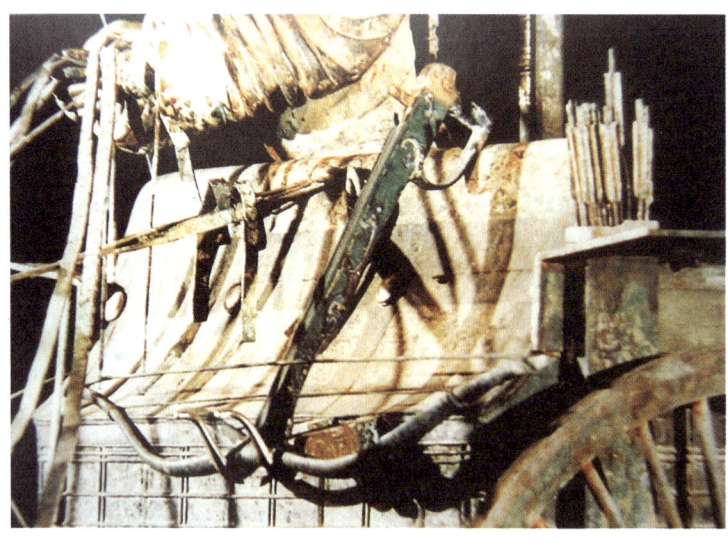

秦陵1号铜车马局部（车身配备的弩）

夏朝末年，商汤与夏人战于邑，仅使用了战车70乘。商末，在周武王伐纣的牧野之战中，达到一次动用300乘的规模。春秋时期，随着生产力的发展和兼并战争的加剧，战车数量有了明显增加。到春秋末期，一些大的诸侯国，如晋国和楚国，拥有战车的数量已达4000乘以上。到春秋战国之交，由于封建生产关系的发展，拥有大量步兵的新型军队开始形成。而铁兵器的采用和弩的改进，又使步兵得以在宽大正面上，有效地遏止密集整齐的车阵进攻。战车车体笨重，驾驭困难，其机动性受地形和道路条件的限制，遂逐渐被步兵、骑兵取代。但是，这一作战方式的演变过程是极其缓慢的，直到战国时期，各诸侯国的战车数量仍相当可观，大规模的车战仍然时有发生。

秦朝战车的乘法和使用情况，可以从陕西省西安临潼区秦始皇陵兵马俑坑出土的战车兵得到准确反映。尽管出土时木质车体已经朽毁，但从陶质的战马、甲士的分布情形可以看出：每乘战车仍然是前驾4马，甲士3人，战车的形制也没有很大变化。在汉初的战争中，战车仍然发挥着一定作用。大约到汉武帝年间（前140—前87年），汉王朝的军队为了与匈奴进行持续的战争，发展了大量骑兵部队，此后车战便逐渐衰落了。

东汉青铜斧车

秦汉以后，车战虽然不再是作战的主要方式，但仍有人使用过战车作战，如晋代的马隆、唐代的房琯、明代的戚继光等，但这种车战与春秋时期已截然不同。如明朝正统十二年（1447年），大同总兵朱冕等上疏论战阵之法，请选小火车850辆，接着山东、河南等地相继制造了战车。据载明代的战车种类繁多，有小火车、独轮车、正箱车、全胜车、轻车、雷火车、先锋霹雳车、独辕车、武刚车、军队小车等，有的战车还装备有大铜铳等火器。明朝之所以热衷于制造战车，主要目的是为了抵御蒙古骑兵的侵扰。战车与火器配合使用，是明代车战的主要特点。

山东临淄后李春秋殉葬车马复原图

第四章

战车、骑兵与战船

罗马帝国马车颈带式系驾法

明代正厢车

明代所制的架火战车

战马与骑兵

马是一种古老的动物,据说早在旧石器时代,人们就已开始猎取野马作为食物了。国际上普遍认为,马的驯养最早发生在新石器时代的欧洲东部,时间大约在5000多年前。中国的一些专家认为马先是用来拉车的,后来才用于骑乘。也有学者认为,最早的车的动力是牛而非马,最早驯化马的目的在于食用。因为早期的车粗糙笨重,适于牛拉,它无法适应马的奔跑速度,而且马的耐力不如牛。不过一些外国学者认为游牧民族利用马打仗时,最早的做法是将马套到轻便的双轮车上,时间在公元前2000年左右,后来才改为骑在马背上作战了。这种情况与中国在军事上对马的使用完全一致。不管马驯化后是先拉车还是先骑乘,但有一点是可以肯定的,即由于马具有善于奔跑的特点,对于加强军队的机动性来说,具有不可替代的作用,因此,无论是以车战为主还是以骑兵作战为主的时代,都离不开对战马的需求,何况马还是军事物资运输的重要工具。正是由于这些原因,世界各国在冷兵器作战时代,无不重视对战马的繁殖和优良马种的引进,我国

秦代陶马

商代玉马

甘肃武威雷出土的汉代铜奔马

西汉玉仙人奔马，表现了古人希望获得神马的愿望

西汉镏金铜马

自然也不例外，建立与健全马政系统，几乎成了我国历代王朝的一项重要国策。

我国的黄河流域进入文明时期最早，因而这一地区也是最早的农耕区，所以对优良战马的需要自然是来自于游牧地区。商周时期中原地区与游牧地区的马匹交易情况，其详情现已不可考。在西汉时期尤其是汉武帝统治时期，就已经非常重视引进优良战马了，它们多被用以改良内地马匹，组建强大的骑兵部队。汉武帝除了从匈奴获得良马外，还从西域引进了优良种马，甚至不惜发动战争以获取良马。他派李广利远征大宛，以求汗血马，便是人所共知的史实。

内蒙古和林格尔东汉墓壁画——牧马图（摹本）

自此以后，我国历代王朝莫不重视这个问题。唐朝统治时期，曾经大量地引进优良种马，《唐会要》说："突厥马技艺绝伦，筋骨合度，其能致远，田猎之用无比。"概括地描述了突厥马的体质结构和工作性能。苏联科学院物质文化研究所考古队，曾在阿尔泰的牧民古墓中，掘出马的残骸23副，经过研究认为，突厥时代阿尔泰马群基本部分的体型与现代哈萨克马近似。哈萨克马即我国所谓的"伊犁马"，是良种马之一。唐太宗生前骑乘过的所谓"昭陵六骏"，其中至少有4匹来自突厥或波斯。

唐代佚名绘《百马图卷》局部

东汉铜兵马队

隋唐时期除了与突厥进行马匹贸易外,唐朝还与回纥进行过大规模的绢马贸易,交易马匹不计其数。为了建设强大的军队,唐朝政府也健全了马牧系统,最盛时国家养马达70多万匹。宋代疆土相对较小,没有唐朝那样的优良牧场,其军队用马除自养部分外,主要依靠与少数民族之间的茶马贸易,所获良马亦不少。元朝起自于大草原,其军事用马自不在话下。明清两朝也都与蒙古族进行过大规模的马匹交易,从而保证了对战马的需求。

第四章 战车、骑兵与战船

唐代黑釉马

唐太宗昭陵六骏之白蹄乌

唐太宗昭陵六骏之什伐赤

在战争以车战为主的时代，为了夺取战争的胜利，主要围绕着如何改进战车而进行；在骑兵为主角的时代，对马具的改进与完善便显得十分重要了。在马鞍未发明前，人们骑光背马，在这种状况下，显然不具备组建骑兵的条件，所以当时在中国以车战为主要作战方式。大约在战国后期马鞍发明了，马鞍可以使骑手平稳地骑乘在马背上，遂使组建骑兵成为可能。匈奴率先组建了强大的骑兵部队，故马鞍的发明可能与其有很大的关系，中原地区则是在赵武灵王推广胡服骑射后，才开始组建骑兵部队的。然而当时的骑兵尚未使用马镫，这使得骑兵的灵活性与机动性大受影响。关于马镫的发明权应属中国人，这一点是无可怀疑的，但准确的时间尚无定论。1993年，在吉林市帽儿山墓地18号墓中出土了一副马镫，它用铜片夹裹木芯，以铆钉缀合加固。这是我国出土年代较早的马镫，时间大约在西汉中晚期。南京象山发

北燕鎏金马镫

元代铁马镫

清代铜镏金花马镫

掘了东晋琅琊王氏族墓群,7号墓中出土了一件装双镫的陶马,墓葬年代为东晋永昌元年(322年)或稍后。1965年在辽宁北票西官营子发掘了北燕冯素弗墓。北燕是公元4世纪初迁至辽西的汉族统治者冯氏在前燕、后燕基础上建立的鲜卑族国家,冯素弗是北燕王冯跋的弟弟。这是一座时代明确的北燕墓葬,在其墓中出土了一副马镫,其形状近似三角形,角部浑圆,在木芯外面包镶着镏金的铜片。马镫发明后,很快就由中国传到朝鲜,在公元

陕西西安出土的北魏褐釉甲马

北周彩绘甲骑具装陶俑

5世纪的朝鲜古墓中已有关于马镫的绘画。至于流传到西方的马镫，是首先由中国传到土耳其，然后传到古罗马帝国，最后传播到欧洲大陆的。英国著名中国科技史专家李约瑟对中国发明的马镫给予了高度评价，他说："我们可以这样说，就像中国的火药在封建主义的最后阶段帮助摧毁了欧洲封建制度一样，中国的脚镫在最初却帮助了欧洲封建制度的建立。"马镫的使用对骑兵部队具有重要意义，因为骑士的脚有了着力点，从而提高了杀伤效果，并且利于长距离的行军。

新疆鄯善出土的纪元前的马鞍具

此外，还有马衔的使用。考古发掘证明，突厥人早已使用了马衔，而且是铁制的，成对，但不完全相称，衔有两环，环端穿孔系带。带扣由铁、铜或骨制成，扣里有活轴，使带可松可紧。马衔的发明，使骑手对马的控制达到了自如的程度，因而也是一项了不起的发明。

中国历代王朝虽然非常重视骑兵部队的组建，也曾在汉武帝、唐太

五代《番骑图》中的马具

魏晋南北朝时期的重装骑兵复原图
（从图中可见当时的马鞍具已经相当完善了）

宗时期组建了强大的骑兵部队，但由于中原地区毕竟缺乏战马，所以在更多的历史时期其军队还是以步兵为主，骑兵主要作为机动兵力和突击部队而使用。中国的骑兵和欧洲一样，也分为轻骑兵与重装骑兵两种，两者不同之处在于，后者人与马皆披重铠，手执长枪大矛，称之为具装骑兵，而前者则不须为马披甲，而且铠甲也不甚厚重。关于马甲的问题，在前面叙述甲胄的章节已经说过了，这里不再赘述。

日本平安时期仿中国风格的真漆木马鞍

朝鲜卑马具中的障泥板

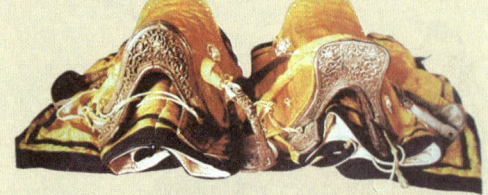
成吉思汗御用的马鞍

辽代马鞍具复原图

河南邓县（今河南邓州市）出土的南朝铠马画像砖

吉林集安高句丽壁画中的甲骑具装战斗图

甘肃嘉峪关魏晋墓中的骑兵出行壁画

唐代列队骑兵俑

晋代画像砖——李广骑射图

唐代彩绘贴金铠甲骑士俑

蒙古军作战图

北朝具装骑兵俑

十六国铁马胄

清顺治皇帝御用的马鞍

北魏具装骑兵俑

清郎世宁所绘的《哨鹿图》

随着骑兵部队的组建和在战争中的运用,围绕着骑兵的战略、战术便应运而生了。概括地说,骑兵的使用主要强调其机动性,因此在战争中往往施行一些长途奔袭、大包围、大迂回的战术。如秦赵长平之战,秦将白起用5000精骑截断赵军,这对长平一役全歼赵军40余万起到了关键作用。再如汉武帝时,名将卫青、霍去病等多次率数万骑兵,采用迂回包抄、深入敌后等战法大破匈奴。而唐太宗灭亡东突厥,也是依靠强大的骑兵部队,实施长达数千里的奔袭、包抄。我国在魏晋南北朝时期特别重视重装骑兵的组建,唐五代以来不再重视重骑兵,基本上以轻骑兵为主。宋代由于缺乏良马,骑兵部队不甚强大,但同一时期的辽金两朝却组建过强大的骑兵,并且获得了很好的作战效果。至于蒙古人则将骑兵部队的使用发挥到了极致,蒙古骑兵有着超强的机动力,1名士兵往往备有6匹以上的战马,轮换使用,往往一天可以前进近百公里。明清以后火器得到了大力的发展,随着专门的火器部队和炮兵的出现,骑兵的地位逐渐下降。清朝开国时虽然依赖弓、马,但在战略、战术方面没有大的突破,鸦片战争以后的历史表明,骑兵作为战略力量的地位已经不复存在了。

清郎世宁绘"乾隆平定西域战图"局部

各类木质战船

战船,指中国古代以作战为目的制造或改装的武装船舶,一般可分为大、中、小3种类型。大型的是主力战船,称为"舰"或"楼船",有2层、3层、4层的,甚至4层以上甲板的;中型的是用于攻战追击的战船,称之为"蒙冲""先登"等;小型的是用于哨探巡逻的快船,称为"游艇""赤马舟"等。为适应作战时能抢上风和追歼敌船的需要,大多数战船是专为作战而设计制造的,以保证具有较好的适航性能、操纵性能和较高的速度。也有一些战船是采用渔船或商船的船型加以改进后制造;还有临时用渔船或商船加以改装,使其能符合作战需要的。战船乘人多少以"米重"为标准计算,每人以重2石为准。

《武经总要》中的宋代楼船图

《武经总要》中的宋代蒙冲舰

大约7000年前，中国的先民已经开始了水上活动。我国神话传说中说伏羲氏发明了舟船，也有记载说是黄帝发明了舟楫，还有记载说是黄帝的臣子共鼓与货狄发明了船。另外，有人认为可能是我国的先民看见木头能在水上浮起，从而产生了联想，发明了最早的独木舟。所以《淮南子·氾论训》中说："古人见窾木浮，而为之舟。"商朝的

战国水陆攻战图（战国铜鉴）

甲骨文中已经明确地记载了水上活动，到周朝已有水战的记录，但舟师和战船的制度不详。

春秋时期战舰的种类与形制已相当齐备了。当时比较大的战船为"大翼"，长12丈（约合24米），宽1丈6尺（约合3.2米），可容战士20余人、桨手50人。河南省汲县山彪镇出土的战国水陆攻战纹铜鉴，形象地描绘了当时驾船作战的场景。从图中可以看出，战船是桨船，分上下两层，战士居上层，桨手居下层。

汉朝水军的规模更大，战船更趋完备。当时既有4层舱室的巨型楼船，也有200斛以下的小艇。在汉魏时期不仅船型众多，而且船舶装具也相当齐备，出现了槽、舵及其他船具，帆亦迅速发展。至此，中国古代船舶技术的发展已经达到了比较成熟的阶段。东汉建安十三年（208年），在著名的赤壁之战中，双方使用的船舶数以千计，足以说明当时水战的规模已经相当大了。

南北朝时，人们认识到水战时风力大小无常，不可

东晋时期的航船（顾恺之绘《洛神赋图》局部）

《武经总要》中的宋代游艇

《武经总要》中的宋代火舡

第四章 战车、骑兵与战船

隋代五牙战舰模型

汉代战船模型

明代的宁波船

《武经总要》中的宋代海鹘图

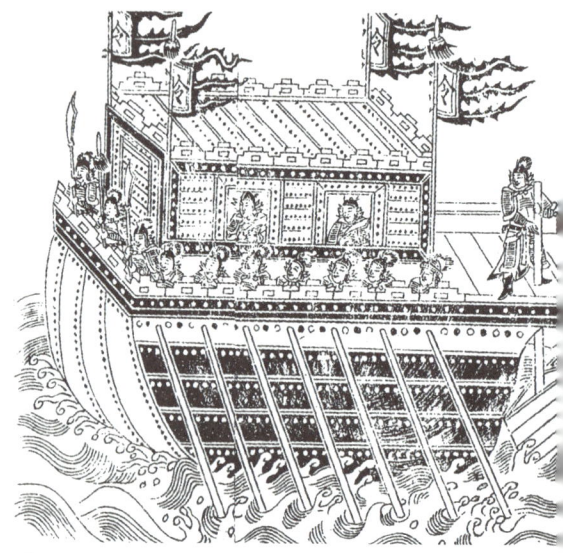
《武经总要》中的宋代斗舰

恃以作战，因而重视发展人力推进的战船，出现了多桨快艇。隋朝杨素造"五牙"大舰起楼 5 层，高 100 余尺（约合 29.5 米），能容战士 800 人，有 6 个拍竿，高 50 尺（约合 14.76 米），用以击碎敌船。唐朝的海鹘船是模仿海鸟而创制的海船，两侧有浮板，具有良好的稳定性，可以适应海

《武备志》中的明代车轮图

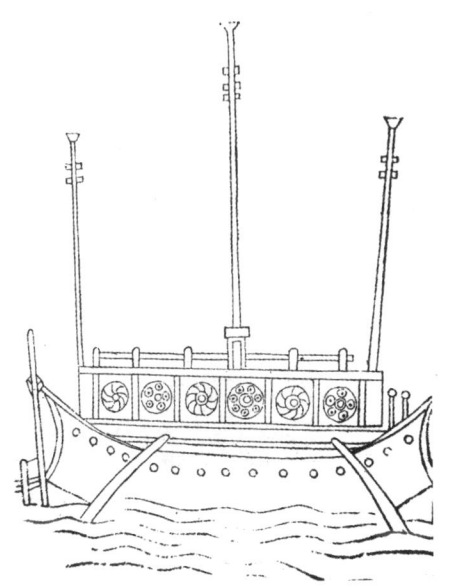

明代两头船

明代火龙船

明代沙船

上作战的要求。唐朝时还发明了车船（轮桨船）。

到了宋朝，车船在战争中有很大发展，所制的巨型车船长20~30丈（约合60~90米），有23~24个车轮桨。王彦恢所造的"飞虎战舰"，旁设4轮，每轮8个叶片，十分轻捷，是常用车船的典型。当时水军装备的战船还有海鳅（模仿海鱼形状的战船）、双车、十棹、防沙平底等各类舰艇，可供江海防御调遣之用。南宋水军统制冯湛综合几种船型之特点，造成"湖船底、战船盖、海船头尾"的多桨船，长8丈3尺（约合25.5米），有桨42支，可载甲士200人，江河湖海均能适用。张贵所制的无底船，是一种奇形战船，船后截中部无底，只有两舷和站板，加以伪装，可引诱敌军跃入溺水而死。

明代火龙出水模型（在水战中使用）

进入明清以后，中国古代战船的发展有两个显著的特点：一是隋唐五代两宋时期多用于锤击敌船的拍竿已经消失，而改以战船本身犁沉敌船，这说明船舶制造和驾驶技术的进步；二是从明初起，战船上配备了火炮。宋朝的海舟以福建船为上，明朝的海舟则以舟山的乌艚船为首。广东船主骨架用铁力木制成，坚固性胜过福建船，但铁力木难得，维修不便，后来加以改进，底用广船式，上用福船面。嘉靖四十年（1561年）的宁台温之捷，戚继光、胡震等所部战船近战倭船，犁沉敌船10余艘，烧残敌船5艘。从这一战例中可见当时明军的战舰占有较大的优势，舰船结构强度和航行速度均优于敌舰。明朝还制造了两头有舵、进退神速的"两头船"，以及火龙船、沙船、联环船、子母船等各种战船。这些战船的创制，极大地丰富了水战的战法，促进了水战战略、战术的变化。

清朝前期，因袭明制，在战船使用与制造上没有多大的进展，后期则引进了近代化的蒸汽战舰，将在下一小节详述。

我国古代战船的制造技术，在很长的一段时间内都处于世界领先地位。早在汉

清代旧式水师船

朝时，人们就对船型与船舶性能的关系有了一定的认识，造出了狭而长的高速度船，短而宽的稳定性好的船。为了追求船舶的快速性，出现了效率较高的推进工具——橹，俗称"一橹三桨"。在同一时期，对于风力的使用也有较大的进展。至三国时期已有3帆、4帆乃至7帆的船，各帆交错布置，以提高风帆效率，并能根据风向随时调整张帆的角度。以竹竿维布帆，制成硬帆，重量大，起落迅捷，且可以调整帆的方向，以充分地利用不同风向的风。据文献记载，唐朝的海鹘船头低尾高，前大后小，两舷置浮板，形如鹘翼，稳定性好，不易倾侧，这是最早的关于船舶稳定性装置的记载，而关于降低船舶重心，以增加船舶稳定性的记载则更早。

中国古代战船武器装备的发展，是以中型和轻型武器为主的。在交战时，远则用弓弩，接舷则用刀、枪。有的战船还装设有拍竿，用以拍击敌船。战船多设有战棚或女墙（仿照城墙式样，有雉堞甚至开四门），

19世纪60年代中国旧式水师图

或用牛皮蒙在木板上,或钉竹片,作为防护装置。无女墙的战船,战斗时在左右舷悬挂罟网,以防敌人跳帮。船上还备有若干小镖,可在30步内投掷击敌;靠近则用撩钩以钩搭敌船,以勾镰用以勾船割缭绳。在很早就已使用燃烧性火箭,主要用于焚烧敌船篷帆,使敌船不能行动。

宋朝以后,战船又备有火药桶,投中敌舟能使全舟尽焚。战船上也有使用二级火箭"火龙出水"等火器作战的。明朝有许多装备火铳的快艇,如"蜈蚣船"及"火龙船"等,后者两舷暗伏火器百余件,一船足抵常见战船10艘之用。清朝初期,李长庚在福建造霆船30艘,配火炮400门,以备海战。一般大型战船配备火炮17~18门,中型战船配备火炮12~14门,小型战船配备火炮4~8门。内河战船也先后配备火炮,长江水师的长龙船设1000斤头炮2门、700斤边炮4门,舢板船则设800斤头炮1门、700斤梢炮1门、50斤边炮2门。

元代水军征伐日本图

各类钢铁战船

中国的钢铁战舰出现于晚清时期。19世纪60年代,随着洋务运动的开展,清军加快了向西方学习的步伐,遂挑选精兵万名,创建神机营,专习枪炮、洋操,并开办船政和水师学堂。经过长期努力,建成了北洋、

清代北洋水师"济远"号舰主炮

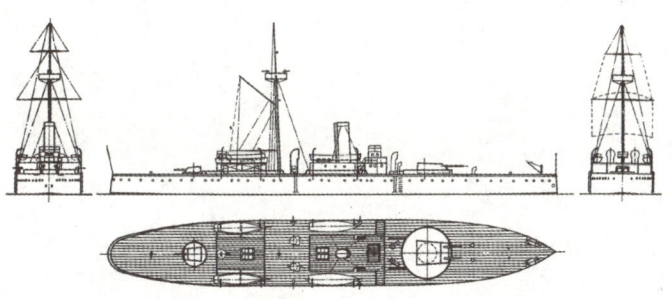

清代"济远"号巡洋舰示意图

第四章 战车、骑兵与战船

南洋、福建、广东等近代海军，并设立了海军衙门。光绪元年（1875年），由南洋大臣沈葆桢、北洋大臣李鸿章分南北洋两大海区组建新式舰队。

南洋海军于1879年5月由沈葆桢等奏设"海外兵轮船统领"，后又称"南洋兵轮船总统"，由江南提督或长江水师提督兼任。到中法战争前，共有军舰15艘，排水量近1.8万吨。其中有福建船政局制造的"开济"号和从德国购买的"南琛""南瑞"3艘巡洋舰。1884年8月23日马尾之战中福建海军大部被毁后，清政府着力加强北洋海军建设，向外国购买铁甲舰、快艇等装备。1885—1887年，在德、英等国订购的每艘排水量达7335吨的铁甲舰"定远""镇远"号，以及巡洋舰"济远""致远""靖远""经远""来远"和一批鱼雷艇先后到华，并被划归北洋海军。加上原先进口

清代北洋水师提督丁汝昌像

清代北洋水师的教官与军官

的及国产军舰,北洋海军舰船总数计约30艘。"定远"号为旗舰。1888年颁布《北洋海军章程》,标志着北洋海军成军,舰队被列入清军正式建制。丁汝昌为北洋海军提督,林泰曾、刘步蟾为左右翼总兵,下辖5副将、4参将、9游击、27都司。舰艇官兵共4000余人。各舰管带(舰长)均受过正规海军教育。官兵中实行以考核制度为基础的晋升制度。设立练勇,并将其作为水兵备补兵员。招募沿海年轻船民、渔民进行初级训练,以替代传统的世兵制。制定长方形国旗及海军将领旗,以供海上识别和交往,取代1865年为军舰及商船设计的三角形龙旗。改革俸饷制度,提高俸饷

清代北洋水师的"定远"号战舰

中法马江之战图

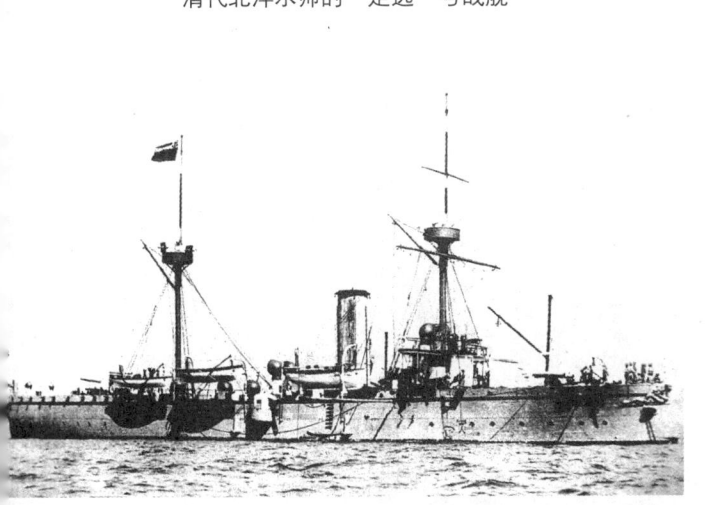

清代北洋水师的"致远"号巡洋舰

清代"龙骧"号炮舰

标准。聘请英国人琅威理专司训练与作战，由此帮助兵员掌握海战技术和战术。在天津大沽、盛京、旅顺和山东威海卫建立了较为完善的基地、军港和后勤医疗保障体系。提督衙门设于威海卫刘公岛。

中法战争法军统帅孤拔画像

北洋舰队成军后，一度成为亚洲最为强大的海军舰队，其主力战舰定远、镇远号，均为当时世界上极大的军舰之一，相当于当时的战列舰。二舰长94.5米，宽18米，吃水6米，正常排水量7144吨，满载排水量7670吨。主炮为克虏伯305毫米后膛炮4门、克虏伯150毫米后膛副炮2门、75毫米克虏伯舢板炮4门、37毫米五管哈乞开斯机关炮8门、57毫米哈乞开斯速射炮2门、47毫米哈乞开斯速射炮2门、14英寸地鱼雷发射管3具，备有21枚鱼雷。装甲总重为1461吨，铁甲堡水线上装甲厚14英寸（355.6毫米）、水线下装甲厚12英寸（304.8毫米）、主炮露炮台装甲厚304毫米，炮罩厚15毫米，司令塔装甲厚203毫米。如此之厚的装甲，几乎可以说是击不沉的战舰。

济远号防护巡洋舰舰长71.93米，宽10.36米，吃水5.18米，排水量2440吨（回国时数据为2300吨）。装甲甲板由25.4毫米钢质和50.8毫米铁质装甲层复合而成，可抵御大口径火炮的轰击。主炮露炮台装甲厚254

清代大修中的"镇远"舰

毫米，炮罩及司令塔装甲厚38.1毫米。主要武器：双联装210毫米克虏伯前主炮1座、克虏伯150毫米后主炮1门、47毫米哈乞开斯单管速射炮2门、37毫米哈乞开斯单管炮9门、金陵机器局造铜炮4门、15英寸鱼雷发射管4具、舰载鱼雷艇2艘。

"经远""来远"号装甲巡洋舰为同级姊妹舰，该型舰是德国造舰史上设计制造装甲巡洋舰的开始。长82.4米，宽11.99米，吃水5.11米，排水量2900吨。水线带装甲厚9.5~5.1英寸，装甲甲板厚3（倾斜处）~1.5英寸（平坦处），炮座装甲厚8英寸，炮盾厚1.5英寸，司令塔装甲厚6英寸。主要武器：双联克虏伯210毫米前主炮1门、1880年式克虏伯150毫米炮2门、75毫米克虏伯炮2门、47毫米哈乞开斯速射炮2门、40毫米哈乞开斯炮1门、37毫米5管哈乞开斯炮5门、18英寸鱼雷发射管4具。

"致远""靖远"号防护巡洋舰属同级舰，为北洋水师中航速最快的

清代北洋水师的"镇远"号铁甲舰

清代北洋水师的"经远"号巡洋舰

清代海军的"海圻"号巡洋舰

清代北洋水师的"平远"号巡洋舰

清代北洋水师"致远"号管带邓世昌像

战舰。全长76.2米，宽11.58米，吃水4.57米，排水量2300吨，航速18.5节。装甲甲板厚2~3英寸，司令塔装甲厚3英寸，火炮炮盾厚2英寸。主要武器：克虏伯210毫米主炮3门、阿姆斯特朗152毫米副炮两门、57毫米哈乞开斯速射炮8门、47毫米哈乞开斯速射炮2门、37毫米哈乞开斯机关炮6门、11毫米10管格林机关炮4门、18英寸鱼雷发射管4具。

以上这些只是北洋水师的主力战舰，均为当时世界上最先进的海军战舰，再加上其他各种战舰和辅助舰只，组成了当时远东地区最为强大的海军舰队。后因为清政府的腐败，在甲午战争中全军覆没。甲午战争后，清政府又重购军舰，布置防务，经过十余年的缓慢恢复，至1911年，巡洋舰队拥有15艘舰艇，总吨位1.8万吨，其中主力舰"海圻"号的排水量为4300吨，"海筹""海琛""海容"号排水量均为2950吨。长江舰队拥有17艘舰艇，总吨位1.4万吨。其总体作战与巡防能力，尚不如原北洋海军。1911年10月辛亥革命战争爆发，巡洋舰队和长江舰队主力被调往武汉镇压革命军，其余军舰在各地布防。在革命党人的活动下，从1911年11月起，各舰先后在吴淞、镇江、烟台、九江、武汉等地宣布起义，清朝海军易帜加入了革命军行列。

威海刘公岛炮台遗址

第五章
古代各类火器

我国是火药的发明国，也是火器的最早使用国。自从唐朝后期发明火药不久，就在军事上开始使用火器了。千百年来，各种火器层出不穷，在战争中扮演了非常重要的角色，无论是陆战还是水战，火器都发挥了重要的作用，有时甚至还起到了决定性的作用。长期以来，我国的火器制造处于世界领先地位，只是在清朝统治期间，不重视发展科学技术，并实行闭关锁国政策，导致我国的火器发展落后于西方国家。火药与火器的发明国，反而向西方国家引进火器，这种历史教训是非常深刻的。

火铳与鸟枪

火铳的出现，主要是火药发明和使用的缘故。火药是人类掌握的第一种爆炸物，是中国古代的四大发明之一，而且被认为是对人类历史所起作用最大的发明。将火药用于兵器的制造并投入实际战争，在我国开始于唐代。在火铳出现的同时，还出现了原始的管形火器——火枪。这些火枪都是以竹管或纸管做筒，里面充填火药，作战时点燃筒内火药，喷出火烧伤迎面格斗的敌军。其中威力最大的突火枪，以大竹筒制作，里面装满火药，并安有"子窠"（最早的子弹）。战斗时点燃火药，它先喷射火焰，

《天工开物》所载的放鸟铳图

突火枪示意图

元至顺三年碗口火铳

元至正手铳

明洪武十二年造手铳

浙江余姚发现的元丙申铜手铳

在火焰喷尽之后,"子窠"随即发射出来,并发出像炮一样的隆隆声。从突火枪的发射过程可知,它已具备了管形射击火器的三个要素:一是枪筒,二是火药,三是子窠。

突火枪的创制,历来受到各国火器史研究者的重视,它被认为是世界上最早运用射击原理发射弹丸的管形射击火器。当这种用竹筒制造的管形火器改用金属制造以后,就出现了一个从"金"字旁的新字来称呼它,但发音还近似"筒",这就是"铳"字。火铳的发明和使用,是中国古代兵器的一次突飞猛进的革命,实际上它正是后代枪械的最初形态。随着冶金手工业的发展,金属被用来制造火铳。火铳以火药发射石弹、铅弹和铁弹,是在南宋长期使用各种火枪的基础上,随着火药性能的提高而逐步发展起来的,是元明时期军队的重要装备。火铳用铜或铁铸成,铜铸较多。由前膛、药室和尾銎构成。通过考古发掘,发现了多尊元代铜火铳,说明元代是我国火铳制造的一个重要时期。铳通常分为单兵用的手铳,城防和水战用的大碗口铳、盏口铳和多管铳等几种。总的来看,元代所造的火铳还比较粗糙,尚处于金属火铳的初期发展阶段。

明代,火铳有了很大的发展,除了铜火铳外,还有了铁火铳,但仍以铜火铳为多。明代制造的火铳有统一的编号,从目前出土的明代火铳编号序数来看,永乐十二年(1414年)的一门铜火铳编号为"天字

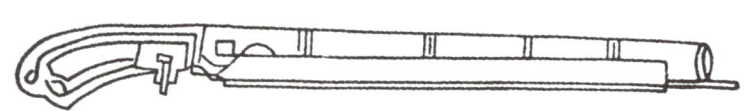

明代鸟铳与密鲁铳示意图

清代鸟枪

清代火枪

三万四千五百四十九号",永乐二十一年(1423年)的一门铜火铳编号为"天字六万五千八百七十六号",明正统元年(1436年)的一门铜火铳编号为"天字九万八千六百二十号"。可见,明代生产的火铳量是非常惊人的。明代火铳不仅数量大,而且种类繁多,如单发火铳就有手把铜铳、手把铁铳、单眼火铳等类别,多发火铳又分为多管式和单管分段式两种,多管式有夹把铳、三眼铳、五眼铳、七星铳等,单管分段式有三出连珠和十眼铳等。多发铳的出现,说明明代火铳制造技术达到了一个新的发展阶段。随着火铳制造水平的提高,明朝还在永乐年间组建了专用火器的神机营。

15世纪中叶以后,西方的火枪、火炮得到了较快的发展,而中国的火器却因长期陷于发展迟缓的中国封建经济以及统治阶级的禁海锁国政

清乾隆皇帝火枪射鹿图

明永乐七年造铜火铳

策中，没有在自己的故乡引起革命性的变革。而当它传到欧洲时，资本主义新型生产关系的兴起，却使它发挥了革命性的作用。资本主义制度对战封建制度的胜利，更促进了枪炮的改进和发展。到了明代中期，发明了火铳的中国不得不从外国舶来品中汲取养分，仿制了比火铳先进的"佛郎机"和"红夷炮"，以及单兵使用的鸟铳等，并制造了威力较大的大口径火炮。从火铳的发展史来看，明朝后期火铳的生产量已经大量减少，到了清代，由于鸟枪的大量使用，火铳被淘汰，并退出了战争舞台。

鸟枪，又称鸟铳，是我国明代中期出现的一种轻型管状射击火器，当时因其弯形枪托形似鸟嘴，就把它称作鸟嘴铳、鸟铳或鸟枪。关于鸟枪的创制，有两种不同的说法：一种说鸟枪是中国土生土长的，是在南宋以来的火铳的基础上，逐渐发展演变而来的；另一种说鸟枪是从日本或土耳其传入中国的。欧洲在15世纪后期制成各种火绳枪炮。16世纪初叶，葡萄牙人东来，把用火绳点火发射弹丸的枪炮带到了日本。明嘉靖二十七年（1548年），明军在收复被日本人和葡萄牙人占据的双屿港（今浙江宁波东南海中）时，缴获了欧洲人和日本人制造的火绳枪。这种枪枪管细长，

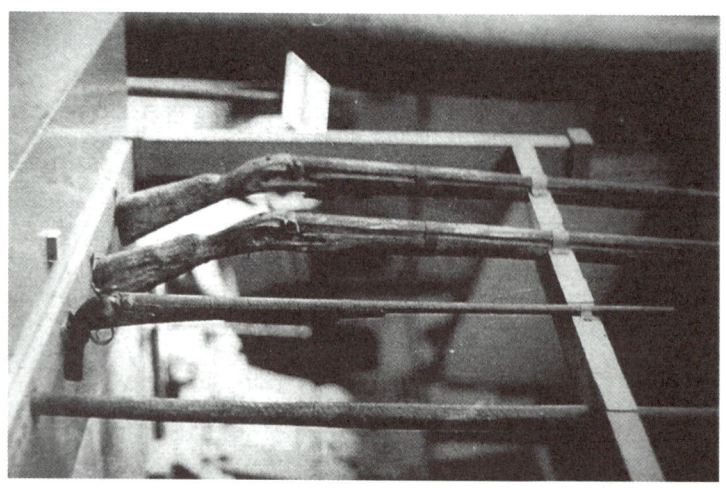

太平军制造的鸟枪

从枪口装填火药和弹丸，前有准星，后有照门和药室，安在弯形的枪托上，枪托上固连一个龙头形扳机，龙口内衔有火绳，扣动扳机时，龙头向下旋转，点着火的绳头落入装药池中，点着火药，把弹丸射出。

明嘉靖年间所造的小样佛郎机

由于火绳枪炮具有比明军使用的火铳装填方便、射速快、命中精度高、杀伤威力大等优点，所以明代的军器局和兵仗局就在嘉靖年间以缴获的实物作为样品，仿制和改制了多种形式的鸟枪，开了我国仿制外来枪炮的先河。关于这种说法目前还不好论定，有待于进一步研究。此后，火器研制家赵士帧在明神宗万历二十六年到三十九年（1598—1161年），除仿制成土耳其式密鲁铳外，还研制成掣电铳、三长铳、双迭铳、迅雷铳等多种单管和多管火绳枪，把火绳枪炮的研制推进到一个新的发展阶段。

鸟枪和各种传统火器的大量研制和使用，促使我国军事领域的各个方面又发生了一次大变革。这种变革突出地表现在明穆宗隆庆年间（1567—1572年）戚继光在蓟镇编练的车营、步营、骑营、辎重营等新型兵种之中。这些营使用鸟枪、佛郎机、虎蹲炮、火箭等火器的士兵已占编制总人数的一半左右。因此，就武器装备的比例和在作战中的作用来说，它们实际上已经成为火绳枪炮和冷兵器相结合的车炮营、鸟枪营、骑炮营和火器补给营。它们不但可以成为独立的新兵种，而且可以成为协同作战的合成军种。同时，用火绳枪炮和冷兵器相结合的作战方式、军事教育训练、国防设施也都随之产生。

在明崇祯年间，毕懋康又发明了自生火铳，安装了燧石打火击发的装置。

清代火枪使用的铅弹

清代鸟枪又有了新发展，有的在木床下安装了木叉，增加了枪身的稳定性。康熙年间又仿制了"蟠肠鸟枪"，枪管内有膛线，这是我国最早的膛线鸟枪。《清文献通考》记载有清代军队装备的17种鸟枪，其中就有数种是燧发枪。在清朝还出现了抬枪，

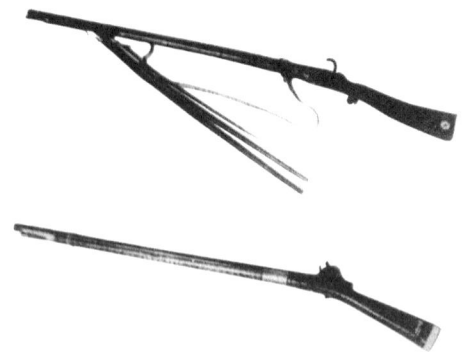

清代直槽式线膛枪和撞击式燧发枪

这是一种重型鸟枪，长1丈左右，重约15千克。其结构与一般的兵丁鸟枪完全相同，但装药量、射程及杀伤威力远远大于兵丁鸟枪。发射时须两人操纵，一人在前充当枪架，将枪身架在肩上，另一人瞄准发射。这种抬枪在清朝中后期十分盛行。18世纪末，清政府的腐败和苛政统治加剧了国内的阶级矛盾，人民起义此起彼伏，农民暴动连年不断，起义军常常在山陵地区与清军展开斗争。在这种环境下作战，农民起义军的大刀长矛、弓箭、土枪、地雷等能有效地发挥作用，而清军的新式重炮却寸步难行，不得不大量制造这种约15千克重、由两人抬放的中型抬枪。在19世纪中叶两次鸦片战争和镇压太平天国革命的战争中，抬枪曾经是清军使用的主要火器之一，这种火器重量较轻，不必车载马驮即可携带，而且火力较强，所以一直沿用到19世纪末的中法、中日战争以及抗击八国联军入侵我国的战争中。清朝在雍正时期还规定，各省绿营中的鸟枪兵占40%~50%，这个规定一直延续到19世纪中叶。鸦片战争之后，鸟枪逐渐被步枪所取代，于是便失去了军事意义。

山海关陈列的水把子母炮和抬枪

火箭与火炮

第五章　古代各类火器

火箭这个名字最早出现在三国时期（220—280 年），兵家曾在多次战役中用过以火箭为主要武器的火攻法。当时使用的只是箭杆前部绑有易燃物，点燃后以弩弓射出的普通箭，即"燃烧箭"。唐末宋初（10 世纪）已经有火药用于火箭的文字记载。北宋冯继升曾向朝廷献过火箭。曾公亮（998—1078 年）等在《武经总要》中对火药箭做过简略说明，并绘出了火箭图。这时的火箭只是用火药取代了早期火箭所用的易燃物，仍由弓弩射出，并不是靠自身喷气推进的真正的火箭。

清代购自德国的大炮

北宋后期，民间流行的能升空的"流星"（后称"起火"）已利用了火药燃气的反作用力。按其工作原理，"起火"一类的烟火就是世界上最早的用于玩赏的火箭。南宋时期，出现了军用火箭。具体地说，在宋理宗绍定年间，我国出现了利用火药燃烧时向后喷射的反作用力为动力的火箭。

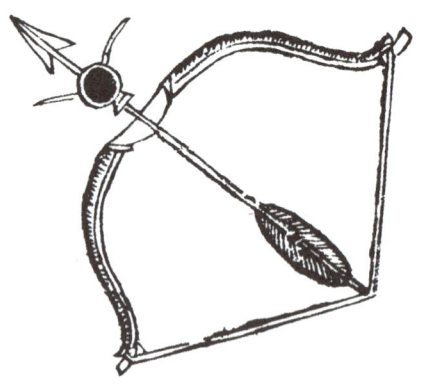

《火龙经》中的弓射火柘榴箭

据载在绍定五年（1232年）的汴京之战中，宋军曾发射火箭将金军吓退。到明朝初年，军用火箭已相当完善，并广泛用于战场，被称为"军中利器"。明代初期兵书《火龙神器阵法》和明代晚期兵书《武备志》以及其他有关中外文献，均详细记载了中国古代火箭的形制和使用情况。仅《武备志》便记载了20多种火药火箭，其

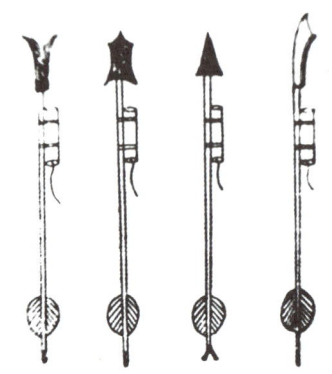

燕尾箭，飞剑箭，飞枪箭，飞刀箭

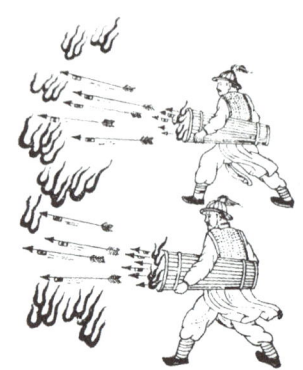

明代一窝蜂火箭示意图

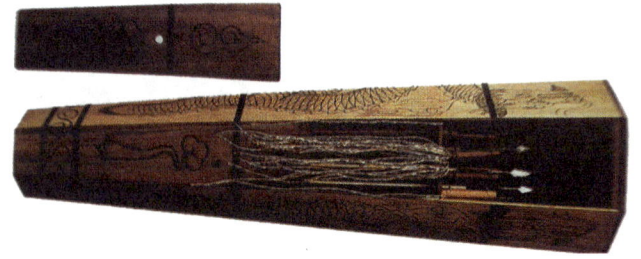

明代一窝蜂火箭模型

中的"火龙出水"已是二级火箭的雏形，即用竹木雕成龙形，点燃体外4支作为一级火箭的大"起火"，推动龙体飞行，飞行过程中引燃龙体内作为二级火箭的小"起火"，二级火箭从龙口射出继续飞行。火箭还有单发、多发之分：所谓单发，就是一次只发射一支火箭，如流星箭、飞刀箭、飞枪箭、燕尾箭等；所谓多发，即在一个火箭筒内发射几支、几十支箭的一窝蜂，如五虎出穴箭、四十九矢飞廉箭、长蛇破敌箭、百虎齐奔箭等，相当于近代火箭炮。

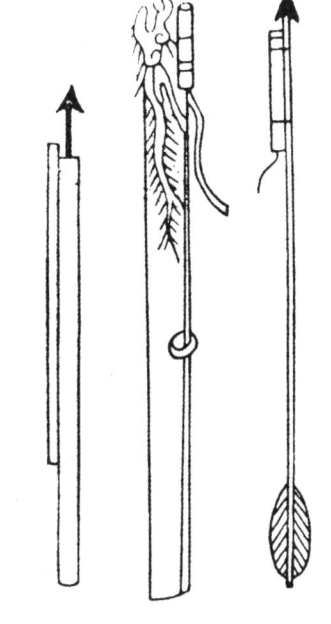

装箭筒架，龙形发射架，明代火箭

明代火箭的发射装置有架（发射架）、格（发射格）、筒（发射筒）和槽形发射器等数种。其中槽形发射器，又称火箭溜，是一种很先进的火箭发射装置。明代还有管形火器发射的火箭，如神枪箭、九龙箭、三支虎箭、单飞神火箭、火弩流星箭等，都是以管形火器发射的火箭，实际上应该就是一种管形火器，与以火药气体的反作用力推进火箭有本质的不同，希望不要混为一谈。清代也曾用火箭作战，但火箭技术没有很大的进步，鸦片战争后，我国古代的火箭失去了军事意义，从

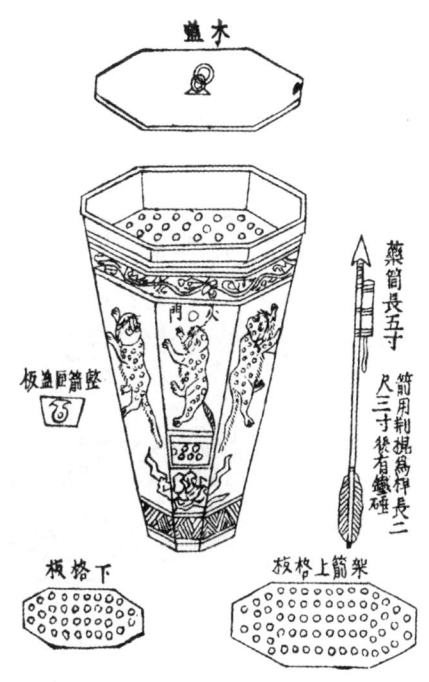

《武备志》所载的群豹横奔箭

而退出了战争舞台。

中国古代还曾有过火箭载人飞行的尝试。据史书记载，14世纪末，明朝一勇敢者万户坐在装有47个当时最大的火箭的椅子上，双手各持一大风筝，试图借助火箭的推力和风筝的升力实现飞行的梦想。尽管这次试验以失败告终，但万户被公认是尝试利用火箭飞行的世界第一人。为了纪念万户，月球上的一个环形山以万户的名字命名。

13世纪中叶，蒙古人入侵中亚、西亚和欧洲，阿拉伯人侵略西班牙，他们把中国的火箭技术传入了欧洲及世界其他地区。到了这时，德意志的艾伯特·麦格诺才在欧洲首次记述了关于制作火箭的技术。欧洲人最早使用火箭兵器，是在1379年意大利的帕多亚战争和1380年的威尼斯之战中。

火炮，是中国古代一种口径和重量都较大的金属管形射击火器。由身管、药室、炮尾、火门等部分构成，滑膛多为前装，可发射石弹、铅弹、铁弹和爆炸弹等，大多配有专用炮架或炮车。元代称为铳或火筒，明代中叶以后称为炮或铳，清代才固定称为炮，有的也称之为"将军"，这当然是一种美誉。它主要用于攻守城塞，也可以用于野战，或直接装上舰船用于水战。

最初的火炮是用竹或木制成的。南宋开庆元年（1259年），寿春府

万户及其所制的火箭飞行器

清代大铁炮（山东威海发现）

创制的"实火枪"是我国最早的火炮。最迟在13世纪末或14世纪初，我国开始用铜铸造火炮，目前发现最早的金属火炮，是元至顺三年（1332年）铸造的铜火炮。明代盛行铜铁火炮，现存最早的铁火炮是洪武十年（1377年）的将军炮。需要说明的是，大碗口铳的敞口虽大于身管口径，但实际上并不能增加火炮的威力。明初，又制造了身管较长的直筒形火炮。河北省宽城县出土的洪武十八年（1385年）造的一门直筒形铜火炮，口径108毫米，全长52厘米，重26.5千克，药室处有宽厚的箍。此外，山西省博物馆还收藏有3门洪武十年（1377年）造的铁炮，口径210毫米，全长100厘米，两侧有双炮耳，用于调整火炮的射击角度。

从16世纪20年代开始，中国火炮制造技术仍有发展。嘉靖年间制造的虎蹲炮，长1尺9寸（约合0.6米），重36斤（约合21.5千克），

明代铁炮

明洪武十年大铁炮

配有铁爪、铁绊，发射前可用大铁钉将炮身固定于地面，形似虎蹲，这种炮克服了发射时后坐力大、跳动厉害的缺点。《明会典·工部》记载，嘉靖四年（1525年）制造的火炮，炮筒用熟铁制成，装火药10多两，炮弹由生铁熔铸，弹内装"砒硫毒药五两"，点火后"将飞□打于二百步（约330米）外，暴碎伤人"。这是中国古代以火炮发射爆炸弹的最早记载。万历年间还大量制造了身管较长的火炮。万历二十年（1592年）在杭州制造的"天字一百三十五号大将军"铁炮，口径113毫米，全长143厘米，身管的长度同直径的比值明显增大。炮身有九道箍，铸有炮耳，安有两个铁环。万历年间，明军援朝作战时曾使用过这种铁炮。

在此期间，欧洲火炮开始传入中国，其中影响较大的有佛朗机铳和红夷炮。佛朗机铳约在正德末年（1521年左右）从葡萄牙传入中国，它有一母铳和若干子铳，母铳身管细长，口径较小，铳身铸有准星、照门，可瞄准射击。铳身后有"巨腹"，腹上开有长孔，用以装填子铳。子铳类似一小火铳，一般备有5~9个，可预先装好弹药，战时轮流发射，提高了火炮射速。嘉靖初年，中国开始成批仿制佛朗机铳，形制很多。《明会典》记载有大样、中样、小样佛朗机铜铳。《武备志》又把佛朗机铳分为1~5号。北京首都博物馆现藏有6门佛朗机样式的火炮，均为铜质，有两种类型。其中嘉靖二十八年（1549年）制造的"胜字四十二号"火炮，母铳口径38毫米，全长91厘米，子铳口径35毫米，全长23厘米。由于子铳装药量小，母铳口径不大，威力有限。红夷炮（亦称西洋炮）是一种大型火炮，在万历后期由荷兰传入中国。《明史·兵志》记载"大西洋船至，复得巨炮，曰红夷。长二丈余，重者至三千斤，能洞裂石城，震数十里。"186炮身铸有准星、照门，中部有炮耳。与佛朗机铳相比，

明代城墙上的大将军炮

明代佛朗机炮示意图

西方传教士南怀仁制造的红衣炮

口径较大，管壁加厚，并且从炮口至炮尾逐渐增厚，能承受较大膛压，是当时威力最大的火炮。明末，明政府为了抵御后金军的进攻，重用徐光启、李之藻等人，大量仿制红夷炮。天启元年（1621年），李之藻受命按西洋新法制造火炮。崇祯二至三年（1629—1630年），徐光启督造大小红夷炮400余门，两广总督王尊德也先后仿制大中型西洋炮500门。中国历史博物馆、湖南省博物馆、首都博物馆等都收藏有当时的制品。其中首都博物馆收藏的一

山海关陈列的明神威大将军炮

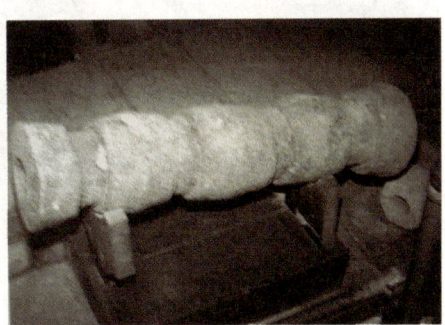

山海关陈列的明神机炮

吴三桂所造的周炮

明嘉靖年间所造的佛朗机

门崇祯十年铁"西洋炮",口径100毫米,长233厘米。徐、李二人把欧洲用泥模铸炮以及以口径的尺寸作为基数按一定的比例倍数设计火炮各部分的方法引入中国,提高了火炮制造的科学性。

西方火炮的传入,促进了中国明朝后期火炮技术的发展,改善了军队的装备。据《练兵实纪·杂集》记载,戚继光的车营装备佛朗机铳256门,辎重营装备佛朗机铳160门。天启六年(1626年),袁崇焕以红夷炮凭城固守宁远(今辽宁兴城),击退了后金兵,毙伤敌数百人,后金统帅努尔哈赤在该役中中炮受重伤,不久死去。在火炮技术发展的同时,明末孙元化集中明代制造火炮的成果,吸取西方先进的造炮经验,撰写成《西法神机》一书。其后,焦勖于崇祯十六年在汤若望的传授下,辑成《火攻挈要》一书。

苏州城墙中陈设的清代铜炮

清代武成永固大将军铜炮

这两部书是明末火炮制造的理论和工艺技术专著,对西方新式火器在中国的进一步传播产生了重大影响。

不久,后金军也开始研制和使用"红衣炮"(后金改"夷"为"衣"),并将其作为攻城略地的重型火器。入关以后,仍然大量制造和使用,并将其发展成为清军装备的系列火炮。清圣祖康熙年间(1662—1722年),为了收复被沙俄侵占的雅克萨城和平定"三藩"的需要,清政府曾委任耶稣会传教士比利时人南怀仁先后制造了500多门各型红衣炮。同时,火器研制家戴梓(约1649—1726年)也创制了蟠肠鸟枪、子母炮等枪炮。子母炮身长2.1尺,重300斤,发射20~30斤重的铸铁炮弹,内装子弹,发射时,杀伤威力比较大。现存于黑龙江省博物馆的一门康熙十五年(1676年)铸造的"神威无敌大将军"铜炮,炮身前细后粗,口径110毫米,全长248厘米,重1000千克,装药2千克,铁弹重2.7千克。这种炮在中俄雅克萨之战中发挥了较大作

浙江镇江保存的清代前装大炮

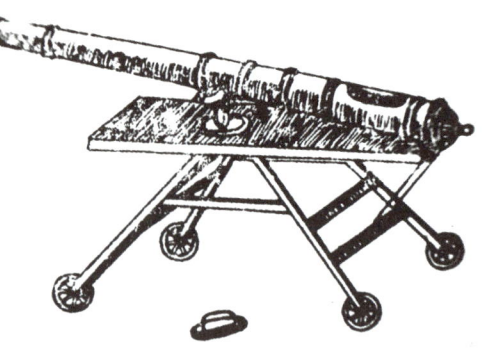

清代子母炮

威海北帮炮台残炮

虎门沙角炮台铁炮

清金陵机器局制造的格鲁森式37毫米架退炮

用。现存北京故宫博物院的一门康熙二十九年（1690年）铸造的铜质"威远将军"炮，口径212毫米，全长69厘米，重280千克，载以四轮车，能发射15千克重的爆炸铁弹。雍正五年（1727年），清政府又规定各省绿营兵每千名置炮10门，火炮成为清军的主要装备之一。清朝中期以后，火炮的发展基本处于停滞状态。直至第一次鸦片战争前后，为抗击殖民主义者的侵略，各地军民又造了一些重型火炮，广东省虎门、江苏省镇江市等地至今仍保存有当时的抗英火炮。

从19世纪50年代开始，清政府大量购买西方近代火炮。洋务运动开展后，创办了一些近代军事工业，自己制造近代火炮，中国古代火炮逐渐被近代火炮所取代。

地雷与水雷

地雷,是指埋设在地表以下或布设于地面上的一种爆炸性火器,由雷壳、装药与引火装置三部分构成,主要用做障碍物,借以杀伤敌方人马。中国是发明地雷的国家,地雷从明代开始盛行,品种繁多,有石雷、陶瓷雷、生铁雷等数十种。

石雷,即用石头制造的地雷,这种地雷构造简单,威力小。关于其制造方法,据《武备志》载"腹中凿空,装炸药满,杵实九分,入小竹筒一节,入引线,用纸隔药,上少覆干土,土上用纸觔泥,泥平盘药线于上。"这样地雷便制成了。关于其使用方法,是先在敌人的必经之道上挖一大坑,埋入火药,上面覆以碎石,以盘香引爆。明代所谓的威远石炮、自犯炮等,也属于地雷。生铁雷,即用生铁铸造的地雷,这类地雷的名目很多,如无敌地雷炮、炸炮、伏雷炮等。关于无敌地雷炮的制造方法,《武备志》中说:"用生铁熔铸,以极圆为妙,容药一斗或五升,或三升,量炮大小,以坚木为法马,分引三信(以防闭塞),合通火窍。"可见生铁雷的装药量要大于石雷,因此威力较大,且其有三根引信,可以避免哑雷现象。

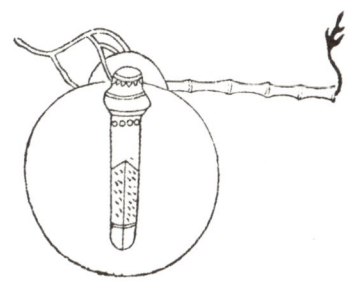

无敌地雷炮示意图

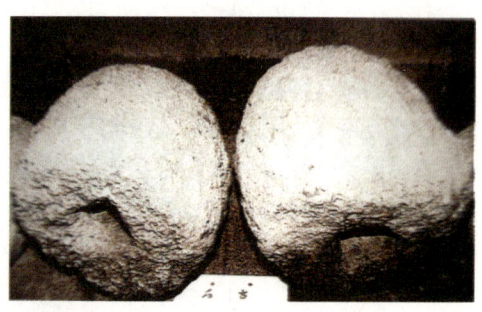

明代石雷

陶瓷雷，即用瓷坛制造的地雷，在坛中装上火药，再安装引信，坛口用土填实，埋于敌军出没之处，上用鹅卵石堆满，杀伤力很大。

明代地雷的发火装置分为数种，包括人工点火引爆地雷、藏伏火种引爆地雷、钢轮发火引爆地雷等。人工点火引爆地雷，要事先安装好长长的走线，一雷一线，待敌军走入雷区，便可引爆地雷。藏伏火种引爆地雷也分为数种，包括渡水神机炮、伏地冲天雷等。以伏地冲天雷引爆方式为例，在敌军经过之处，挖地3尺，将其埋入，火种用乌盆盛装，放在地雷上，引线盘于上，靠近火种，再将刀枪插在上面，用土覆盖，不露痕迹，刀枪与乌盘相连。敌军经过时，看到刀枪，必然摇拔，致使乌盘倾覆，将火种倒在引线上，然后引爆地雷。钢轮发火引爆的地雷，有炸炮、自犯炮、地雷炸营等几种。以炸炮为例，在敌军经过之地，掘坑埋地雷数十。把引爆药槽与钢轮相连，以土掩盖，待敌军走入雷区，踏动发火机，引爆地雷，达到大批杀伤敌军的目的。

内蒙古自治区文物工作者曾在托克托县境内发掘出土了20多枚明朝早期地雷，据称，这是我国首次出土明朝地雷。这次出土的地雷为铁铸球

明代威远石炮、石炸炮
与无敌地雷炮示意图

明代生铁地雷示意图

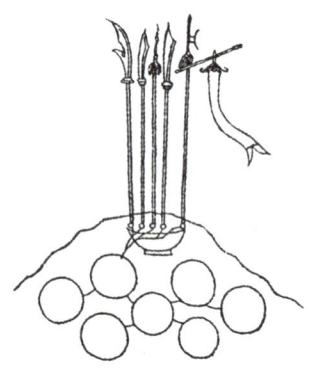

明代伏地冲天雷示意图

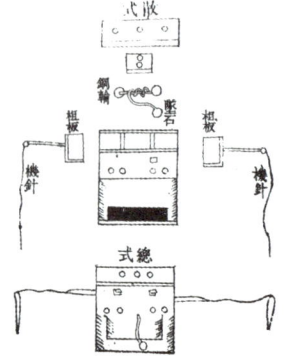

地雷钢轮发火示意图

元代所造的陶蒺藜（内装火药，爆炸后杀伤力极大）　　明代陶雷

体，规格分为两种，大的直径 11 厘米、重 0.85 千克，小的直径为 8.5 厘米、重 0.4 千克。球体表面有一突出台体，高 0.6~0.7 厘米，直径约 3 厘米，台面中间有一直径 0.4~0.5 厘米的圆形小孔，用以装火药和引爆火药捻，当打开已经锈蚀的小孔时，还能倒出里边的火药。火药均为黑色，其中有一枚较大的火药为土灰色，且部分火药呈米粒大小的颗粒状。出土地雷的内蒙古托克托县，古代称东胜州，地处黄河岸边的山梁台地，有雄踞高地、扼守黄河的重要作用。当时这里水陆交通便利，边界贸易繁荣。元朝末年，各地纷纷爆发农民起义，公元 1368 年，元大都被明军攻破后，为了荡平北部元军，明军曾在这里与元军发生激战。这里出土的明代地雷就是这一时期作战用的兵器。此外，明代还用陶瓷制造地雷，利用陶瓷爆炸后的碎片杀伤敌军。这种地雷早在元代就已出现，但大量制造并在战争中使用却是在明代。

水雷，是指布设在水下的一种爆炸装置，内装起爆装置和火药，用以炸毁敌军船舰，也可以破坏桥梁或水上建筑。水雷也是在我国明代出现的，有水底雷、水底龙王炮和混江龙等不同类别。

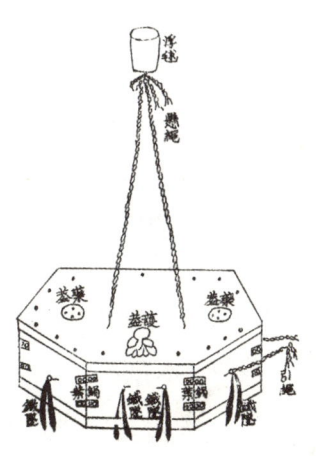

水底龙王炮示意图　　明代水雷示意图

明嘉靖二十八年（1549年），唐顺之（荆川）编纂的《武编》记载："水底雷，以大将军为之；埋伏于各港口。遇贼船相近，则动其机，铳发于水底，使贼莫测，舟楫破，而贼无所逃矣。用大木作箱，油灰粘缝，内宿火，上用绳绊，下用铁锚坠之。"这是一种用人工操纵的拉索引爆的水雷。明万历十八年（1590年），施永图所著《正略》一书载有以燃香为定时引信的漂雷"水底龙王炮"。其构造是外壳用熟铁打造，大小有4、5、6斤数种，内装药5升至1斗不等，炮口安装香头引火，其长度视被击目标的远近而定，整个水雷密封于加工过的牛尿泡皮囊中，以防水浸渍。为了使囊中通空气，用加工过的羊肠系于鹅雁领做成的浮筏上，以便使燃烧的香头不致熄灭。使用时，点燃香头引火，将水雷载于木牌上，悬浮于水中，趁黑夜顺流放下，可以将敌船炸毁。16世纪明朝著名爱国将领戚继光领导的抗倭海战中，为了对付远离港口的敌船，就曾使用过水底龙王炮，它是世界上最早的一种漂雷。明万历二十七年（1599年），王鸣鹤在其所撰《火攻答问》一书中载有以绳索为引线的"水底鸣雷"。这种水雷是以绊索引爆的触发式漂流水雷，一旦敌船触动绊索，水雷便击发爆炸。具体做法是：将该雷放入密封的大缸中，沉入水底，上横绳索，置水面下约半米处，并与雷体内的发火装置相连，敌船触之，机落火发，炸毁敌船。

此外，还有"悬雷""海炮"等多种水雷，这些都是我国古代制造并使用过的水雷，它们在我国古代历次海战中都起到了重要的作用。从西方国家的战争史看，我国使用水雷比西方整整早了300年。

清代由于不重视水雷的研究与使用，致使我国在明代已经发展起来的水雷制造业濒于消亡。直到清朝后期，由于西方帝国主义的侵略，清政府才从外国引进水雷制造技术，试制了一些西洋水雷。

明代渡水神机炮示意图

第五章 古代各类火器

其他火器

我国人民在历史上创制了许多火器，除了前面所述外，还有其他一些火器，如毒药喷筒、毒龙神火喷筒、神火喷筒、满天喷筒、万火飞砂神炮、烂骨火油神炮、木人活马、火禽、火兵、火牛等。这些火器多是宋代以来才发明出来的，至明代时达到高峰。

毒药喷筒：以直径2寸的竹筒一支，长2尺左右，用麻绳密缠，筒下端接5尺长的竹或木柄；竹筒内装药，先下炭多硝少的燃烧剂，再下喷射药，然后下毒药饼，一枚为一层，共装5层；发射药的装配量依竹筒粗细和药饼大小而增减；喷射火焰最远可达10丈，若击中船篷、船帆等目标，可立即燃火焚烧，散放毒烟致敌人中毒身亡。

毒龙喷火神筒：专门用于攻城的高射喷筒，竹筒长约3尺，装毒火药和烂火药，悬挂在高竿上；进攻城堡时，对准敌城墙垛口，顺风燃放，喷射火焰毒烟，可致使守城敌人中毒昏迷。

神火喷筒：一种轻便的火器，

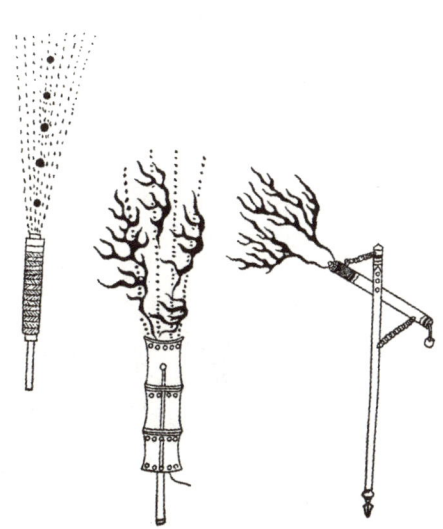

明代毒药喷筒、神火喷筒与毒龙喷火神筒

由单兵使用；用竹筒制成，后有硬木柄，内装火药、毒药，临敌时施放，中者肌肉腐烂露出骨头。

万火飞砂神炮：用毛竹做筒，筒内装入含砂的火药；顺风燃放，可远至5公里，能致使敌兵昏迷，然后乘机攻击，设法取胜。

满天喷筒：一种轻便火器，用竹木制成，将喷筒绑在长枪头上，守城时对准攻城兵士喷射以烧伤敌军。

烂骨火油神炮：多利用陶器制成，其中装有火药、毒药与铁砂及引信；临敌时点燃引信，然后抛入敌阵，爆炸后铁砂可以伤人，沾上毒药者必然骨肉腐烂。

万火飞砂神炮

满天喷筒示意图

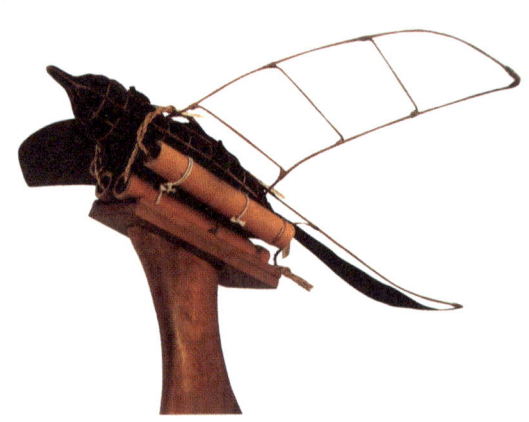

明代所制的神火飞鸦

木人活马示意图

火兵示意图

木人活马：用木头制成人形，再装上衣冠，并在木人内藏有各种火器；木人骑上活马，闯入敌营，各种火器齐发，惊吓杀伤敌人。

火兵：派人携带各种火器，闯入敌营放火，引起敌营的混乱。

火禽：捕捉敌境内野禽，在其项下将装满艾火的胡桃系紧，然后纵出，让它们飞入敌方并引起火灾。

火牛：受齐国田单利用火牛阵击败燕军的故事的启发而创制的一种战法；选用强壮耕牛若干，在其角和身体上捆兵刃，尾巴上系一捆浸透了油的苇束，点燃苇束后，牛受惊，狂奔入敌营，可以起到杀伤敌军和引起大火的作用，从而达到击败敌军的目的。

除此之外，我国历史上还有许许多多类似的火器，名目繁多，如蒙古大军进攻波兰华沙时，就使用过一种毒药烟球。这种毒药烟球重约1.25千克，毒药成分有草乌头、巴豆、狼毒、砒霜等，加入火药成分硫黄、焰硝、木炭末等，捣合成球，用麻绳串住，长12丈，重约0.13千克，为弦子。再用故纸、沥青、麻皮、黄蜡等物捣合涂在外表，用炮放出，毒气熏人，可致人口鼻出血，中毒身亡。此外，仅明代兵书中记载的喷筒火器就达

《武经总要》所载的火车

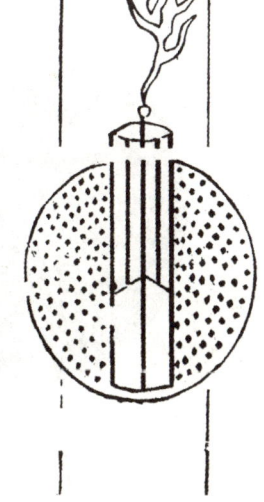

明代的烂骨火油神炮

十余种。喷筒类火器主要用于燃放火焰、毒烟及沙砾等,可致敌军中毒昏迷,或受烟幕遮障,或飞沙伤及双目而失去判别方向的能力等。此外,还有火车,主要用来焚烧敌军营寨或城门等。

火禽示意图

《武经总要》所载的火牛

宋代毒药烟球

第六章
历代兵书概说

中国古代兵法是我国历代兵家总结战争经验的结晶，包括历史上丰富的军事实践活动所反映的战争观念、治军原则、战略战术等内容，它是中国军事史的重要组成部分，也是中国乃至世界文明宝库中的珍贵遗产。中国古代兵法以《孙子兵法》为代表，数量浩繁，内容丰富，种类众多，学习和总结这些兵书中所包含的丰富的军事思想，不仅对军队建设和指导战争具有非常重要的意义，而且对政治斗争、商业经营、企业决策、社会安全等方面，都有着普遍的指导意义。中国古代兵法不仅受到本国人的重视，而且对世界各国的军事家、政治家乃至企业家均有很大的影响，备受关注，成为他们取之不竭、用之不尽的思想源泉。

先秦时期的兵书

《孙子兵法》 孙武是我国古代的大军事学家,他所著的《孙子兵法》不仅是我国现存的最古老的兵书,而且是世界上最早的兵书,在中外军事学术史上占有重要的地位。

孙武,字长卿,春秋末期人(约和孔丘同时),陈国公子完的后裔。公元前672年,陈完因内乱奔逃齐国,受到齐桓公的器重,并用他为"工正",陈完后改称田完。田完的后代、孙武的祖先田书,因征伐莒国有功,被齐景公赐姓孙氏,食邑于乐安(今山东惠民)。这样优越的条件,使孙武自幼就受到了良好的军事文化熏陶,为日后从事战争实践和军事理论的研究打下了坚实的基础。后来,孙武从齐国到了吴国。吴王阖闾夺得政权后,利用当时吴国的有利条件,图强争霸。公元前512年,孙武受到吴王阖闾的重用,与伍员一同协理吴王经国治军,积极图谋大举攻楚。吴王接受了伍员、孙武的扰楚、疲楚计谋,组织了三支部队轮番袭扰楚国。经过数年准备,公元前506年,孙武和伍员随同吴王率军攻楚,由水路出发转陆路,争取了蔡、唐两国,并通过他们境内潜行千余里,迂回到楚国东北部从侧面袭击,五战五胜,以3万人破楚20万人,攻入楚国国都郢(今湖北江陵北)。此后,他还辅佐吴王击败过齐军、越军,并使吴在黄池会盟中挫败晋国,夺得了霸主的地位,故《史记》说:吴王"西破强楚,入郢,北威齐晋,显名诸侯,孙子与有力焉。"孙武后来的事迹不详,可能是急流勇退,飘然高隐了。

今本《孙子兵法》共13篇,5900余字。它问世后,即受到人们的普遍重视，早在战国时期就已闻名遐迩，广为流传。历代兵家都对它进行了认真的研究，甚至加以注释。现存最早的注释本乃是三国时曹操的《孙子注》，具有很高的学术价值，备受后人的推崇。后来又有《六朝钞本旧注孙子断片》，不知何人所注。隋唐以来，随着社会经济的不断发展，印刷技术的发明，人们对《孙子兵法》更加推崇，注家蜂起，各种单注本、集注本及合刻本纷纷问世。其中最著名的为宋刻《宋本十一家注孙子》，这是近代以来流传最广、影响最大、最为实用的《孙子兵法》读本。

《孙子兵法》主要反映了一些军事思想。首先，孙子提出了慎战的战争理论，首篇《计篇》便开宗明义地指出："兵者，国之人事也。死生之地，存亡之道，不可不察也。"他主张慎战不等于反战，为此，他要求战争指导者，战前要认真比较敌我双方各方面的情况，做到"未战而庙算胜"；要不惜重金使用间谍，以充分掌握敌情；要积极备战，"无恃其不来，恃吾有以待之"；要创造有利的战场态势，"先为不可胜，

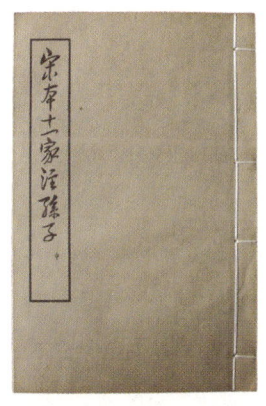

《宋本十一家注孙子》

孙武塑像

《宋本十一家注孙子》内页

《孙子兵法》竹简

以待敌之可胜"；等等。正是出于慎战的考虑，孙子告诫战争指导者"主不可怒而兴师，将不可愠而致战"。

其次，"不战而屈人之兵"的全胜思想。在战略上，孙子主张以最小的代价换取最大的胜利，并在此基础上提出了"不战而屈人之兵"的全胜战略思想。究其实质，就是以军事实力为后盾，通过"伐谋""伐交"等一系列非军事手段来达到自己的目的。这种全胜战略思想，构成了中国传统战略文化的重要内容，成为后世用兵者孜孜以求的理想境界。

其三，令文齐武的治军思想。孙子对军队管理和训练给予了高度的重视，认为"士卒孰练""兵众孰强"是决定战争胜负的两个基本因素。可以说，孙子是中国历史上第一个将军队的管理和训练放在战略高度来考查的军事家。孙子治军理论的核心是"令之以文，齐之以武，是谓必取"。所谓"文"，指思想教育；所谓"武"，就是军纪军法。对于军队，孙子要求做到"与上用意""上下同欲""与众相得""齐勇若一"等，认为唯其如此，才能维持军队内部的团结和步调一致。为此，要求统兵将帅一方面要关心和爱护士卒，"视卒如婴儿""视卒如爱子"；另一方面又要严格管理、严明纪律，否则，"爱而不能令，辱而不能使，乱而不能治，譬若骄子，不可用也"。对于将领，则提出了智、信、仁、勇、严的五德标准和清、静、治、幽的个人素质要求。孙子的治军理论尽管还是初步的，但却具有革旧布新的开创性意义。

其四，孙子提出的制胜之道。孙子提出了"知彼知己""知天知地"的要求。孙子认为只有正确估量敌我态势，才能做出正确的判断，制定正确的作战方针。与此同时，他还主张必须了解和熟悉战场的天气与地理情况，否则便不能采取军事行动。孙子还充分认识到战场主动权在作战中的重要作用，提出了"故善战者，致人而不致于人"的重要命题。孙子作战理论的核心是虚实理论。避实击虚作为一般的作战原则已为人们所熟知，但孙子的认识并不限于此，他是以发展的观点来看待虚实的。孙子认为，实现避实击虚不能消极等待，必须充分发挥人的主观能动性，创造有利的战场态势，于是便有了一系列示形诱敌的诡诈之术和奇正相生的理论。孙子认为，作战指挥员只要正确运用谋略，巧妙地调动敌人，便可以造成决战战场上我实敌虚的态势，从而达到以实击虚、易于取胜的目的。

此外，《孙子兵法》还论及军事地形学、军事后勤学、军事预测学等诸多方面的内容。可以说，中国传统兵学的大体框架在孙子那里已经基

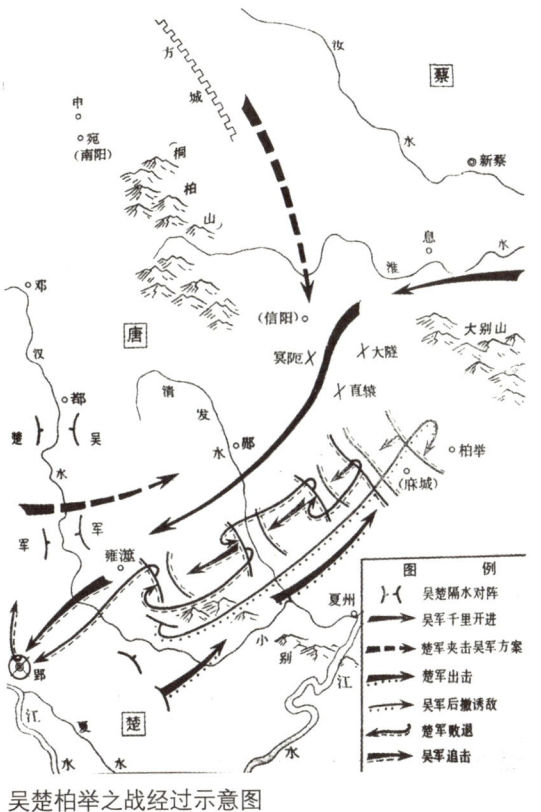

吴楚柏举之战经过示意图

本确立了。《孙子兵法》还对世界各国产生了极大的影响,从公元600多年开始,《孙子兵法》自中国流传向世界,最先接受这部兵书的有日本、东南亚,继而是西方各国。英国先后翻译出版了8个英译本。法国人于1772年翻译出版了《孙子兵法》,并在这本书的扉页上写道:"凡欲成为军官者,都必须接受以本书为主要内容的考试。"在日本,各种研究《孙子兵法》的学会、协会和俱乐部很多。在海湾战争中,美军把《孙子兵法》发给每位军官,并规定为必读书目。

《吴子》 《吴子》是一部与《孙子兵法》齐名的古代著名兵书,是战国时著名兵家吴起所作。在长期流传过程中为后人所整理和删补,篇目和内容有所亡佚,现只存《图国》《料敌》《治兵》《论将》《励士》等6篇。

吴起(?—前381年),卫国左氏邑(今山东曹县)人,是战国时期著名的军事家、法家。最初在鲁国做将军,后又到魏国,因战功卓著被魏文侯任命为西河守。在河西共23年,对所率之军进行了系统改革,故其军事力量也很强盛,与诸侯共有大小76次战争,其中64次全胜,对魏国的强盛做出了贡献。魏文侯死后,吴起在魏国受到排挤,只好去了楚国。楚悼王重用他为令尹,即宰相。吴起在楚国主持变法,推行法治,废除了世

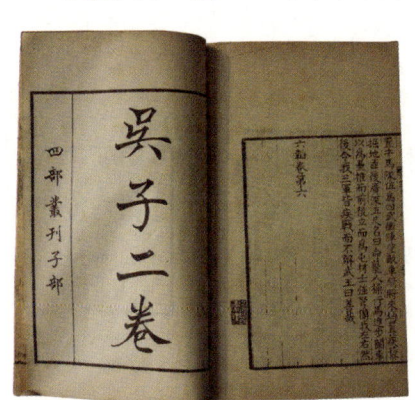

《吴子》(相传为春秋人吴起撰,四部丛刊本)

袭的贵族制度。他同时整顿武备，四处征伐，使楚国也成为当时的强国之一。公元前381年，楚悼王暴亡，旧贵族发动叛乱，吴起躲到宫中，伏在楚悼王的遗体上，以为这样就可以免去一死，因为按照当时楚国的法律规定，有敢施兵器于王身者要诛灭家族。但这些对吴起恨之入骨的奴隶主贵族为了杀死吴起，竟命令士兵放箭。后来，因为把箭射到楚悼王身上这件事，受牵连被处死的家族很多。

《吴子》是吴起在前人基础上，结合当时的实践经验总结而成的。《汉书·艺文志》收录有48篇之多，但后来基本都散失了，现在的《吴子》只有《图国》《料敌》《治兵》《论将》《应变》《励士》6篇，应该是吴起在魏国时所写。在书中，吴起对于战争的性质做了有益的探索，他指出，战争的起因较多，即争名、争利、积恶、内乱、困饥。进而将战争区分为5种不同的性质：义兵、强兵、刚兵、暴兵、逆兵。在建军思想方面，吴起主要强调了以法治为核心的建军方针；在作战原则方面，他强调避实击虚、因形用权的思想；在战略战术方面，吴起强调战备，主张选择有利的战机，同时要随机应变，积极地利用好地形。关于政治对军事的作用，吴起也很重视，强调将两者结合使用，这样就能使国家和军队内外团结，争取战争的胜利。对于作战的主体即军队，吴起强调兵要精干，要严格练兵，他认为精兵三千就可以具有"内出可以决围，外入可以屠城"的巨大能量。同时，也要做到赏罚严明，将帅爱兵，这样的军队战斗力才能强。吴起就是率领着自己练出来的精兵，用5万人和战车500乘、骑兵3000，最终打败了秦国的50万军队。

《吴子》一书内容丰富，说理精辟独到，后世将其列入《武经七书》。同样，此书也受到世界各国的关注，日本、法国等国都有专门学者对其进行研究。

《孙膑兵法》 孙膑（约前380—前320年），出生于齐国阿（今山东阳谷东北）、鄄（今山东鄄城）一带。他是孙武的后世孙，曾与庞涓同学兵法。庞涓在魏国为将时，自以为不如孙膑，遂把他骗到魏国并加以迫害，断其两足并黥其面。后在齐国使者的帮助下，孙膑逃到齐国，受到齐威王和大将田忌的重用，出任军师。在齐魏桂陵之战和马陵之战中，取得了辉煌的胜利，从此名扬天下。

《孙膑兵法》是孙膑所著的一部兵书，大约在东汉末年失传。因此，长期以来，人们围绕着这个问题展开了热烈的讨论，有人认为孙膑与孙武为同一个人，也有人认为《孙子兵法》就是《孙膑兵法》。直到1972年4月，在山东临沂银雀山汉墓中同时出土了竹简本的《孙子兵法》与《孙膑兵法》，这个问题才算大白于天下。经银雀山汉墓竹简整理小组考证，由文物出版社于1975年出版了简本《孙膑兵法》，分上下两编，各15篇。1985年，文物出版社又出版了《银雀山汉墓竹简（壹）》，该书经过进一步考证，认为1975年版的《孙膑兵法》的下编没有充分的证据能认定为孙膑所著，只能视为古代兵家的佚书。《银雀山汉墓竹简（壹）》认定属于《孙膑兵法》的内容共计16篇，即1975年版的《孙

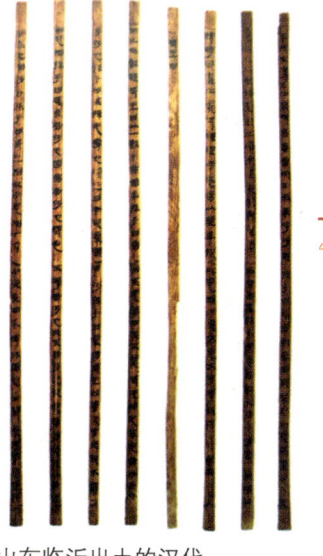

山东临沂出土的汉代《孙膑兵法》竹简

膑兵法》上编15篇，并加《五教法》1篇，共222简，近5000字。这个本子与孙膑原书相差甚远，据《汉书·艺文志》记载，孙膑原书为89篇、图4卷，这当是散佚所致。此书系孙膑弟子辑录而成，大约成书于战国晚期的齐王时期，是孙膑军事思想的集中反映。

《孙膑兵法》主要强调战争的正义性问题，认为战争是不可避免的，为了解决争夺，唯有"举兵绳之"，即用战争解决战争。但这种战争必须是正义的，认为"战而无义，天下无能以固且强"。他还强调对战争规律性的研究，要了解和掌握天时、地利、民心、士气、敌情、战法和战机等

孙膑画像

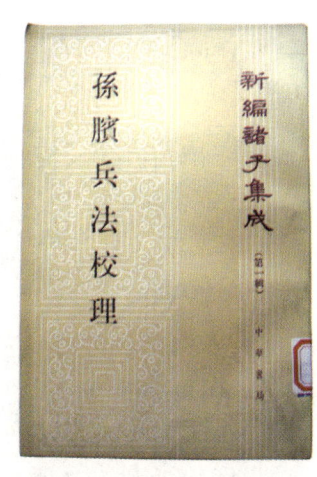

《孙膑兵法校理》（中华书局版）

有关指导战争的根本问题。具备了以上条件,并确有胜利把握就打,没有把握就不要轻率用兵。在作战指挥方面,孙膑强调对阵、势、变、权的运用。他还有一个作战指导思想,就是"必攻不守",就是要把进攻的方向选在敌人没有防守的或不易防守的地域,也就是要避实击虚。在治军思想方面,孙膑提出了"治兵延气"的主张,强调对士卒的精选,尤其要重视"选锋",即对用于冲锋陷阵、突破敌阵的部队的选拔。他认为军队作战勇敢在于军制的健全和军纪的严明,战术巧妙在于造成和利用有利的态势,突破能力强调在于信赏明罚,官兵的素质优良在于按照客观规律进行管理和训练,供应充足在于速战速决、适时撤退,战斗力强大在于注意休整,军队受到损伤在于频繁的作战。所谓"延气",是指较长时间地保持士气的高昂,要做到这一点,就必须从动员开始到不同作战阶段不间断地鼓舞士气,并提出了鼓舞士气的原则和方法。他提出的"凡伐国之道,攻心为上,务先服其心"的论述,在军事思想史上也有很高的价值。由于《孙膑兵法》残缺严重,对于其军事思想的了解还不全面,存在的疑问还不少,有待于考古的新发现和研究工作的进一步深入。

《司马法》 先秦时期兵书之一。在春秋中期以前就已经成为重要的军事典籍,是西周以来供武官学习和武官必须遵循的条令、条例一类的著作,在长期的流传过程中有所散佚,至战国时期齐威王曾命人加以整理,从而使其得以恢复并基本保存原貌。齐景公时的军事家司马穰苴,对《司马法》曾有过深刻的研究和阐发,齐威王命人整理此书时将司马穰苴的兵学观点也附于其中,因此,并不能据此就认为他就是这部书的作者。

《司马法》最早著录于《汉书·艺文志》礼部,称《军礼司马法》,

陕西临潼骊山西周烽火台遗址

计155篇。《隋书·经籍志》以下公私书目，均将其列入兵家类。在长期流传过程中，该书多有散佚，《隋书·经籍志》录为3卷5篇，即今本《司马法》3卷5篇的原型。可见此书至唐代时已经大部亡佚了。该书自问世以来，受到历代统治者及兵家、学者的高度重视。汉武帝曾"闳廓深远，虽三代征伐，未能京其义，如其文也"。至北宋元丰年间，《司马法》被列为《五经七书》之一，作为考核武臣、选拔将领、研究军

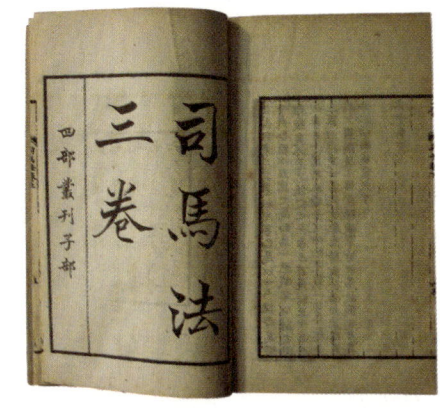

《司马法》（四部丛刊本）

事的必读之书。由于《司马法》年代久远，亡佚严重，对于该书的真伪、成书年代、作者等问题，历代学者均有各种不同的看法，特别是明清以来，辨伪成风，《司马法》成了一部大有争议之书。有的学者认为《司马法》是一部伪书；有的学者认为史书中的《司马兵法》《司马穰苴兵法》《司马法》《军礼司马法》是几种不同的书；有的学者认为今本《司马法》可分为两部分，前两篇为古《司马法》，后三篇为《司马穰苴兵法》。目前，国内学者一般认为今本《司马法》并非伪书，历史上的《司马兵法》《司马穰苴兵法》《军礼司马法》均包含于《司马法》之中。尽管由于该书亡佚严重，155篇仅存5篇，内容不全，但它所揭示的军事思想和存在价值是显而易见的。《司马法》在国外也有很大的影响，法国人称之为世界上最早的"国际法典"，日本出版的《司马法》注本多达30余种，并给予了很高的评价。

《六韬》 旧题姜太公吕望撰。经历代学者考证，都认为无论是就书中内容，还是文字结构而论，都不是商周时期的作品，虽然是以周文王、周武王与姜太公对话的形式写成的，然仍是后人假托姜太公之名所作。1972年山东临沂银雀山汉墓出土的竹简《六韬》，其内容虽然不全，但据

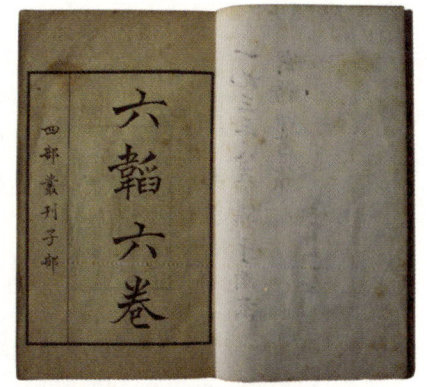

《六韬六卷》（四部丛刊本）

此可以证明此书确是先秦时期的著作，很可能成书于战国中后期。

《六韬》分为"文韬""武韬""龙韬""虎韬""豹韬""犬韬"，所以叫作《六韬》。《汉书·艺文志》儒家类著录："《周史六韬》六篇。"下注"惠襄之间，或曰周显王时，或曰孔子问焉。"唐人颜师古注曰："即今之《六韬》也。盖言取天下及军旅之事。"《六韬》一书与其他兵书比较起来，谈政治较多，以治国为治兵之本，所以《汉书·艺文志》把它归入儒家，也是不足为怪的。《六韬》和其他兵书一样，是军事学著作，它是以战争为研究对象的，它不可能囿于一种学派，其中掺杂一些法家、道家等观点也是很自然的。《六韬》一书虽非姜太公所著，但仍不失为一部有价值的兵书。《后汉书·何进传》说："太公《六韬》有天子将兵事，可以威压四方。"《三国志·蜀志·先主传注》引先主遗诏："闲暇历观诸子及《六韬》。《商君书》，益人意志。闻丞相为写《申》《韩》《管子》《六韬》一通已毕，未送，道亡，可自更求闻达。"说明刘备、诸葛亮都十分重视《六韬》。宋元丰年间把《六韬》列入《武经七书》，定为武学必读之书，颇受重视。书中一些一般军事规律，至今仍有其现实意义。尤其是对于我们研究中国军事思想的发展有重要的价值。此外，国外对《六韬》也有研究或翻译，日本至今已有30余种有关《六韬》的专著问世。1780年，朝鲜也出版了《新刊增注六韬直解》一书。1961年，越南则出版了阮孟保的《六韬》等著作，可见其在国外也具有相当大的影响。

《尉缭子》 中国古代著名兵书之一，是战国中期魏国梁惠王时期的军事学家尉缭所著。据《汉书·艺文志》记载，有"杂家"类《尉缭》29篇，"兵形势家"类《尉缭》31篇。北宋神宗时将其列为《武经七书》之一。今存本5卷，24篇。有各种版本50余种。1972年银雀山汉墓出土《尉缭子》残简6篇，这说明该书在西汉之前已经流传于世。

《尉缭子》的军事思想，主要表现在几个方面。首先，坚持伐暴乱、本仁义的战争观。《尉缭子》把战争区分为"挟

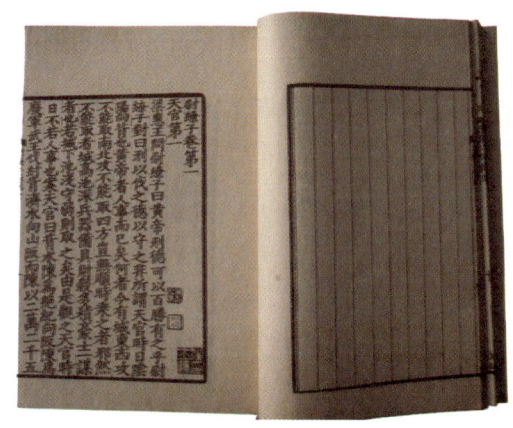

《尉缭子》（苑委别藏本）

义而战"和"争私结怨而战"两类。把前者视为正义战争;把后者视为侵略和掠夺战争,是违反道德的卑鄙行为。因此,支持"伐暴乱,本仁义"的战争,力主把战争的目的放在讨伐暴乱、伸张正义、实现国家统一上。主张慎战,反对轻率用兵。《兵谈》篇说:"兵起,非可以忿也。见胜则兴,不见胜则止。"即进行战争,不能凭感情作战,能胜则打,没有胜利把握,坚决不主动出战。其次,坚持寓兵于农、富国强兵的建军思想。他指出军队建设,要"寓兵于农",使军事力量生根、蕴藏于民众之中,以求富国强兵。治军,首先建立行之有效的军事制度,严明纪律,以保证全军同心协力作战,彻底消灭敌人。提出的建军目标是"天下莫能当其战",即要把军队建设成天下无敌的强大军队。重视建军质量,主张减少数量,提高质量,走精兵之路。重视提高军队的军政素质,要求将帅、士卒在为国、为民出征作战时,要具有"忘家""忘亲""忘身"的决心和英勇善战的奉献牺牲精神。再次,坚持慎战的战争指导原则。《攻权》篇指出:"战不必胜,不可以言战;攻不必拔,不可以言攻。"即没有夺取战争胜利的把握时,不可发动战争;没有克敌拔城的把握时,不可组织攻城。他还主张要争取"道胜""威胜""力胜"。"道胜",就是把加强战争准备和瓦解敌军结合起来,使敌人不敢来犯;"威胜",就是要富国强兵,增强军民的必胜信心,以战略威慑的手段,迫使敌人屈服;前两者不成时,则用"力胜",就是用战争的方式消灭敌军,占领敌国,胜利后回师。在战争指导和作战指导上,都强调先发制人,强调谋攻,认为先于敌使用权谋,就能使敌人有力量也难以使用。在作战方法上,特别强调灵活运用阵法、战法和兵力,主张用重赏、重刑督战。《尉缭子》也在中外军事史上有深远的影响,仅日本研究它的专著就有30余种。

先秦时代的长城遗址

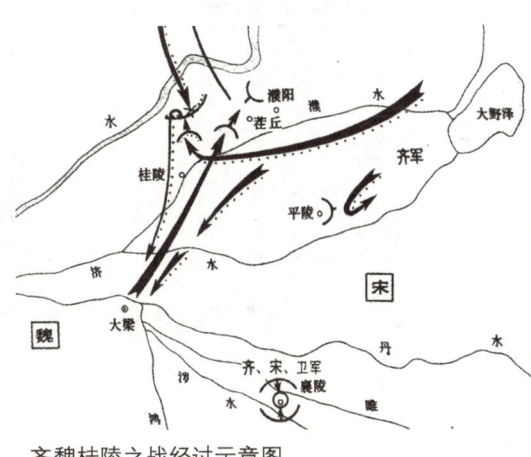

齐魏桂陵之战经过示意图

秦汉至隋唐时期的兵书

《三略》 又称《黄石公三略》，是中国古代著名兵书。旧题黄石公撰，后传与汉初张良得以问世。据《史记·留侯世家》记载，黄石公传与张良的书为《太公兵法》，而非《三略》。据当今学者考证，《三略》成书于西汉末年，其真实作者已不可考。

《三略》分上略、中略、下略3卷，共3800余字，北宋神宗元丰年间被列为《武经七书》之一。现存之最早的刊本为南宋孝宗、光宗年间所刻《武经七书》本。《三略》是中国古代第一部专讲战略的兵书，以论述政治战略为主，兼及军事战略，着重探讨了战胜攻取的政治手段。其中《上略》共2100余字，占到全书一半以上的篇幅，是论述的重点之所在。提出了"设礼赏，别奸雄，著成败"的观点，着重探讨了将帅同百姓及部下的关系。认为"攻取之国，务先养民"，必须先让人民得到休养生息，从而获得人民的拥护和支持，便能无往而不胜，否则必会引起人民的反抗，陷于崩溃。作者还认为将帅必须团结和

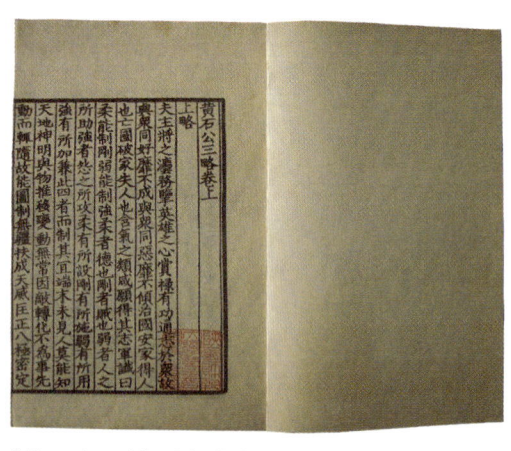

《黄石公三略》（相传秦黄石公著，苑委别藏本）

西汉长沙国南部驻军图

汉代画像砖作战场面

依靠广大部众,才能克敌制胜,"将能制胜,则国家安定"。《上略》还对将帅的品德才干提出了严格的要求,认为其必须做到"能清、能静、能平、能整、能受谏、能听讼、能纳人、能采言、能知国俗、能图山川、能表险难、能制军权"。《中略》则着重论述了国君与将帅的关系,强调相互之间要信任,君臣双方都要重视自身道德的修养和威信的树立,国君对将帅既收揽其心又要加以控御,战事结束后,要及时收回将帅兵权,并应给予封官晋爵。《下略》进一步阐述了国君与臣民的关系,主张国君应分善恶,任贤臣,爱百姓。《三略》除了阐述政略外,也阐述了军略的问题,主张"用兵之要,必先察敌情",要后发制人,并提出了许多有价值的作战指导原则。

该书问世以来,受到历代政治家、兵家和学者的重视。南宋晁公武称其:"论用兵机之妙、严明之决,军可以死易生,国可以存易亡。"该书还先后传入日本和朝鲜,并产生了相当大的影响。

《李卫公问对》 又称《唐太宗与李卫公问对》，旧题唐朝李靖撰，始见于北宋时期，由著名学者阮逸进献给皇帝。关于此书是否为李靖所撰，历来就存在争议。宋人多认为是阮逸所撰，托名李靖。现在看来，阮逸伪撰的说法不能成立，但也不是李靖亲撰，从内容看应该说确实反映了唐朝初期的实际情况和李靖的军事思想，很可能是后人整理而成的，并对其进行过一些增删减略。正因为此书实际反映了唐初及李靖的军事思想，所以宋神宗时才将其列入《武经七书》之中。李靖，本名李药师（571—649年），雍州三原人，即今陕西三原县东北人。李靖出生于官宦世家，在隋朝曾做过官。李渊父子起兵反隋，李靖为李渊所俘，本欲斩之，经李世民说情才幸免一死。在唐朝时李靖屡立战功，尤其在攻灭东突厥的战争中建立了功勋，官至尚书右仆射，封卫国公。

作为军事家，李靖不仅创造了一系列堪称典范的经典战例，也为后世留下了弥足珍贵的文字资料。杜佑的《通典》之中就录有《李靖兵法》，《旧唐书·经籍志》和《新唐书·艺文志》录有《李靖六军镜》3卷，清人王宗沂曾经将这些资料收集成册，编为《李卫公兵法》。而对于李靖军事思想阐述最为详细，对后世军事家影响最大的，则是《李卫公问对》。全书以唐太宗李世民和卫国公李靖关于军事问题的问答形式编成，分上、中、下三卷，共98个问答、10315字。此书主要论述了以下问题。首先，为"奇正"之论，主要论述了用兵"正奇"的变化，他指出"善用兵者，

唐代军事家李靖像

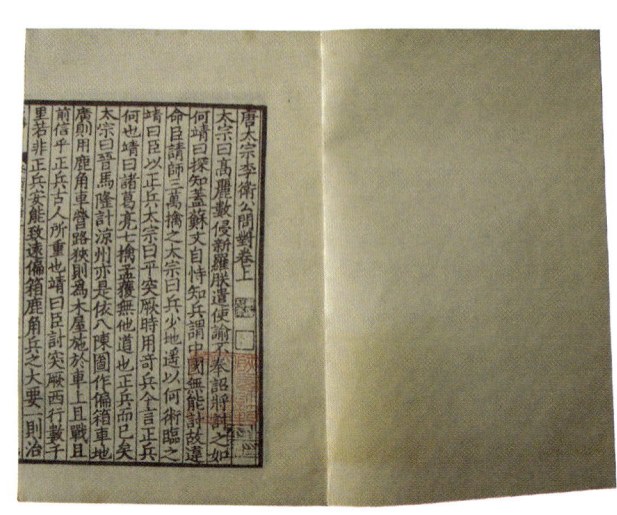

《李卫公问对》（唐李靖撰）

无不正，无不奇，使敌莫测。故正亦胜，奇亦胜，三军之士，止知其胜，莫知其所以胜，非变而能通，安能至是哉？"其次，论述了军队训练的问题，认为久练之兵即使平庸的将帅统率，虽不一定打胜仗，但至少也能守住既有形势；反之英明的将帅，如统率军队是乌合之众，即使将帅本事再大，也很难取得胜利。第三，论述了各种兵种之间如何配合作战的问题，强调要根据不同兵种的特点，正确选择地形，最大限度地发挥其作战优势，夺取战争的胜利。第四，论述和评论了历代军事家用兵的特点，对以逸待劳、严明治军等问题，也提出了许多独到的见解。第五，强调掌握战争主动权，李靖认为无论攻防，都有一个争取战争主动权的问题，必须想方设法掌握主动权。对于攻与守这对矛盾，李靖认为可以将它们统一起来考虑，认为"攻是守之机，守是攻之策，同归乎胜而已矣"。从而深刻地论述了攻与守的辩证关系。

后人对《李卫公问对》曾给予了很高的评价，如南宋戴少望认为其"兴废得失，事宜情实，兵家术法，灿然毕举，皆可垂范将来"。《四库全书总目提要》也认为"其书分别奇正，指画攻守，变易主客，于兵家微意时有所得"。因此，它具有较高的军事理论价值，受到历代军事家的重视。

《太白阴经》 又名《神机制敌太白阴经》，是唐代兵学家李筌撰著的一部内容丰富、影响深远的重要兵书。全书共10卷、99篇，约8万字。李筌，道号达观子，约为唐玄宗至唐代宗时人。此书堪称唐代少数幸存兵书中的一部卷帙完整、别具特色、内容丰富的综合性兵学专著。《太白阴经》在充分继承前人论兵成果的基础上，结合唐代军事发展的实际情况，对古代战争、国防、治军、作战等重大军事问题，都进行了较为深刻系统的论述，并对某些问题的阐发做了创新性发展。主要有以下特色：

《太白阴经》（收入《武备志》中，道光活字印本）

第一，《太白阴经》是一部综合

性和实用性较强的兵学论著。在99篇中，有45篇次直接引据《孙子兵法》《吴子》《司马法》《尉缭子》《六韬》《三略》等10余部唐以前兵书的原文。这说明该书是在继承前人论兵成果的基础上，进行综合、总结和阐发的一部兵书。从《太白阴经》全书所论内容看，大到国家战略的制定、军事谋略的运筹、将帅人才的选任，小到基本队形的布列训练、兵器装备的配置使用、战马的喂养调教、人马的医药救护，乃至军情战报的书写格式等，都有具体而详备的阐述，其理论面向唐代军事与战争实践的需要，具有很强的可操作性。

第二，《太白阴经》是一部博采众家之长，融道、儒、兵家之说为一体的兵学论著。我国已故著名目录学家王重民曾指出，李筌的《太白阴经》是一部"以道家言言兵事"的兵学专著。李筌把老子的"以正治国，以奇用兵，以无事理天下"的思想作为封建国家最高统治者——人主行动的最高原则。认为，唯有"（人）主有道德"，才能成为天下无敌的"帝王之兵"。所不同的是，李筌并不像老子那样笼统地反对一切战争，而仅仅是反对那种"阴谋逆德"的不义战争，赞成和支持那种"征无义，伐无道"的正义战争。同时并不排斥儒家的"仁义"和兵家的"诡谲"论，而是主张把此三者统一起来。应当说这是对以《孙子兵法》为代表的我国古代传统军事思想的一个突破性和创新性的重要发展。

第三，《太白阴经》是一部充满朴素唯物辩证法思想的兵学论著。

敦煌壁画中的唐代张义潮统军出行图

综观《太白阴经》全书，不难看出作者李筌在对战争、国防、治军、作战等诸多重大军事问题的探讨上，处处闪耀着唯物辩证法的思想光华。李筌继承了两汉以来的唯物主义思想传统，像许多唯物主义哲学家一样，认为宇宙乃"万物因天地而有""因阴阳而生"。他更明确认识到，万物虽因阴阳二气而生，但阴阳本身并无意志，它的化生万物是有具体条件的，离开了一定的条件，光靠阴阳二气并不能使万物化生。作者以此唯物主义的自然观来探究人类社会的战争问题，明确承认战争的胜负同样是有具体条件的。

第四，在国防建设问题上，李筌主张富国强兵。他指出国家的贫富、强弱不是固定不变的，只要充分发挥人的主观能动作用，做到"乘天之时，因地之利，用人之力"，就能使国家由贫变富、由弱变强；否则，也会使国家由富变贫、由强变弱。在治军问题上，李筌特别强调军队勇敢牺牲精神的养成与教育。在战争与作战指导问题上，李筌已经认识到军事斗争领域中的矛盾双方处于既互相对立又互相转化的关系。他对阴阳、险易、勇怯、强弱、战和、攻守、奇正、形神、心迹等诸多古代军事范畴，都有较为深刻的阐述。

第五，《太白阴经》是一部创新意识颇强的兵学论著。它的这一鲜

唐郭子仪会见回纥首领图（北宋李公麟绘《免胄图》局部）

明特色，除了表现在作者李筌对许多军事问题的探讨具有独到的阐发和创新之处外，在兵学著述体例上亦有创新的内容和形式。例如，此书详细记述了行军作战中人马的多发常见病和刀枪创伤以及医治药方，开创了我国古代兵学著述史上"以医入兵"的先例，为古代军事医学科学的产生与发展奠定了基础。再如，李筌首次设置专卷，分别把以"杂占""遁甲""杂成"等古代方术内容列入兵书范围，作为用兵者实施"诡谲"和"诳愚惑痴"的不可缺少的方面。

此书的主要价值有二：一是它的理论价值。《太白阴经》在继承以《孙子兵法》为代表的我国古典兵学理论的基础上，结合唐代及其以前历代战争实践经验所总结和提出的富有创新与哲理的军事原则，不仅对唐以后军事思想的应

唐代武士俑

用与发展产生过重要影响，而且对我们今天分析和研究现代战争规律及其指导原则，仍有重要的借鉴意义。二是它的学术价值。《太白阴经》首次把"人马医护""武器装备""军仪典制"以及"古代方术"等内容系统地纳入兵书范围，从而开创了古代兵学著述的新体例。这不仅对后世兵家著述起到了发凡启例的作用，而且其内容也多为后世兵家所采纳。值得指出的是，继《太白阴经》之后，有宋代曾公亮、丁度的《武经总要》，明代王鸣鹤的《登坛必究》和茅元仪的《武备志》，以及清以后的许多大型军事类书，都收录了《太白阴经》所首列的上述内容。

从总体上说，《太白阴经》一书以其丰富而颇具创新的军事思想和军事辩证法，使其不仅成为中国古代兵学发展史上的一部重要兵书，而且也是中国古代哲学发展史上一部值得肯定的著作。

第六章 宋元以来的兵书

历代兵书概说

《武经总要》 宋代军事著作。宋仁宗康定元年（1040年），曾公亮（999—1078年）、丁度（990—1053年）等奉敕编集，以供将领学习参考。庆历四年（1044年）成书，共40卷。前集20卷，包括《制度》15卷、《边防》5卷；后集20卷，包括《故事》15卷、《占候》5卷。

《制度》部分不仅撷采宋代与前代的兵法、军事条令之类，介绍宋代的战术、战阵、训练、军队编制、装备等情况，还首次附有大量武器、阵列等插图，是全书的精华。《边防》部分介绍北宋北部、西北部、西南部等地的边境地理，还有辽、西夏等境内的民族、地理概况。《故事》部分仿效唐朝杜佑的《通典》，分门别类，摘录旧史所载的前代各种战例。《占候》部分介绍天文、气象等对战事的影响，具有迷信色彩，是全书的糟粕。《武经总要》为研究宋代军事史的重要资料。由于该书保存了唐代的兵法、军事条令等，对研究唐代军事史也有参考价值。其《边防》部分对研究契丹、党项、西南少数民族等历史，也有资料价值。《武

清刻本《武经总要》

经总要》保存了不少北宋火药武器的记录,还记载了毒药烟球、火炮和蒺藜火球3种火药配方,以及大批火器的制造和使用方法,反映了当时火药兵器已在武器装备中占有一定比例,弥足珍贵。我国古代的四大发明——罗盘、火药、造纸术、印刷术,其中火药、罗盘两件是靠《武经总要》的记述而传之于世的,其对世界科学的贡献是不言而喻的。虽然《武经总要》所记载的火药、火器还是初级的,但是中华民族的祖先首先成功地发明并使用它,因而最早解决了将火药应用于军事的重大理论和实践问题。《武经总要》为中国和世界的火器发展史和军事技术发展史写下了光辉的一页,为世界上许多研究兵器的史学家提供了珍贵资料。历史证明,这部书不仅是记载了军事制度和宋代国防大事的重要文献,而且是我国11世纪一部杰出的军事科学巨著,也是世界上极重要的古代军事科学巨著之一,在中国军事科学和军事活动中产生了巨大的作用。

英国著名科学家李约瑟所著《中国古代科学技术史》对《武经总要》做了高度评价:"《武经总要》提及的火药配方,较所有其他文明国家的记录为早。欧洲第一次提及火药时间是在1327年,或是1285年之间,

宋代甲士图(宋人绘三顾草庐图局部)

《武经总要》（宋曾公亮等编，明正德刻本）

总之，是在1044年很久以后的一段时间内。"日本兵器史家马成甫在他所著的《火炮的起源及其流传》一书中，经过对世界各国有关方面资料的对比鉴定后，也认为《武经总要》的记录，充分证明了中国是世界最早发明火药和首先使用火药的国家。

《武经七书》 这是北宋朝廷为官书颁行的兵法丛书，是中国古代第一部军事教科书。它由《孙子兵法》《吴子》《六韬》《司马法》《三略》《尉缭子》《李卫公问对》等7部著名兵书汇编而成。

北宋政府颁行《武经七书》是遵照宋神宗的旨意进行的。为适应军事斗争、教学、举办武举考试的需要，宋神宗于元丰三年（1080年）命令最高学府国子监司业朱服等人组织力量校定、汇编、出版了上述7书，武学博士何去非也参与了此项工作。校定这7部兵书，用了3年多的时间，到元丰六年（1083年）冬才完成了刊行的准备工作。校定后的这7部兵书被命名为《武经七书》，共25卷。这是北宋朝廷从当时流行的340多部中国古代兵书中挑选出来的，并将其作为武学经典，可见这7部兵书是何等重要。它是中国古代兵书的精华，是中国军事理论殿堂里的瑰宝，奠定了中国古代军事学的基础，对中国和世界发展近代、现代军事科学起到了积极的作用。校

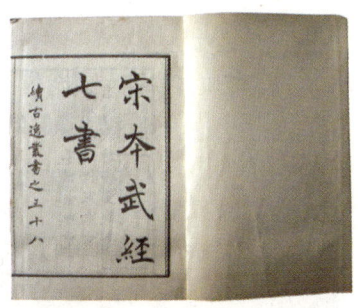

《武经七书》（宋朱服，何去非辑，上海涵芬楼本）

定、颁行《武经七书》，是北宋朝廷在军事理论建设上的一个重要贡献。《武经七书》颁行后，备受世人关注。为了更好地发挥它在战争、国防、建军、教学中的作用，注家蜂起，先后出现了几十种注释本，其中主要的有代表性的注本有宋朝施子美的《武经七书讲义》，明朝刘寅的《武经七书直解》、黄献臣的《武经开宗》，清朝朱塘的《武经七书汇解》、

丁洪章的《武经七书全解》等。这些注释本，对研究、学习《武经七书》起到了积极的作用。《武经七书》颁行后，成为宋朝以来历代军事学校和武举考试的基本教材。明太祖朱元璋为军事斗争和教学之急需，命令兵部刻印《武经七书》发给有关官员和高级将领及其子孙学习。《武经七书》宋刊本曾被日本人买去。从17世纪以来，在日本出现了多种重刊本、翻译本和注解本。七书中的前两部兵书《孙子兵法》《吴子》在欧、亚、美流传更广，可见《武经七书》在世界各国影响之大。

宋太祖发动陈桥兵变处

《历代兵制》 为中国有关兵制的早期著作，共8卷，约4万字，南宋陈傅良撰。陈傅良（1137—1203年），字君举，号止斋，温州瑞安（今属浙江）人。宋宁宗时，任中书舍人兼侍读、直学士院、同实录院修撰。此书为我国第一部通史体裁的兵制专著。

该书按照朝代顺序，记述了自西周迄北宋的兵制。对西周的乡遂井田兵农合一制，汉代的京师兵（南北军）、地方兵（轻车、骑士等），隋唐的府兵，唐代的𬴂骑、禁军，北宋的禁军、厢兵、蕃兵，都做了具体阐述。此书对兵制的继承、发展也有所论述。有关历代兵员征集办法（征发或招募），兵役、徭役情况，军功爵赏，兵员数额，军费开支，战争状况等亦有记述。对其中重要内容，还加以评论。如在兵农关系上赞赏兵农合一，寓兵于农；在征调问题上，主张爱惜民力，反对征调无度；在统御关系上，强调权限分明，既要保证"强干弱枝"，反对"诸王擅兵"，又要保证将领必要的指挥权，主张"兵无专主，将无重权"；在练兵问题上，主张号令严明，严加考核，选拔优秀，反对"练习不精"等。该书对北宋兵制的流弊，言之尤

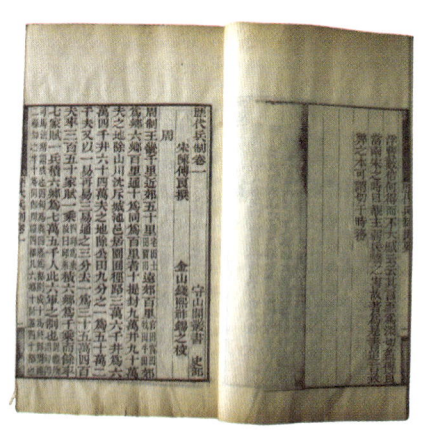

《历代兵制》（守山阁丛书）

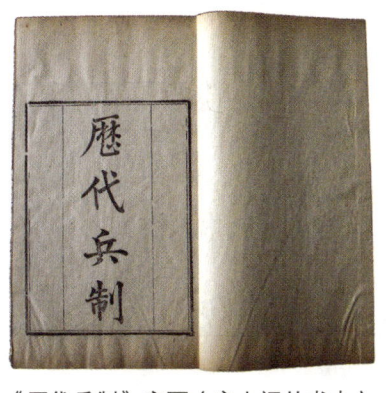 

《历代兵制》扉页（守山阁丛书本）　　《武备志》（明茅元仪辑）

详,并指出"前世之兵未有猥多如今日者也,前世之制未有烦于今日者也"。其书通过古今兵制对比,旨在为改变南宋将弱兵骄、冗兵充斥、军费浩繁的现实,提供改革兵制的经验,以贯彻作者的兵要少但要至精的主张。陈傅良并非军事将领,而是一个文人,因此,此书在兵法方面极少涉及。其军事思想最突出的是养兵与用兵两方面:主张实行精兵政策,赞赏寓兵于农、兵农不分的制度;在用兵方面,主张朝廷对兵权严加控制,但是也要保证将帅的指挥权。

《武备志》 明代茅元仪著。全书共240卷,分5门,计兵诀评18卷,战略考33卷,练阵制41卷,军资乘55卷,占度载93卷,另有目录1卷。每门再分数十目,按顺序论述历代之事实及论说,尤其以当代相关史事最为详备。主要论述将帅领导统御之术、军队布阵之方,军用器械、城池碉堡之制造与应用,气候、地理、军心之忖度与应变,举凡武人必须

河南汤阴岳飞庙

清乾隆平定伊犁准部回部战图之一

了解的各项事宜,无不详细记载。尤其是有关兵器之著述,其图像之多,搜采之全面,超过了北宋《武经总要》一书。

茅元仪(1594—1639年),字止生,号石民,归安(今浙江吴兴)人。其先世数代为官,忠诚国事,且家学渊源,藏书数十间,甲于海内。茅元仪年轻时,不愿参加科举考试,而是认真阅读家中藏书,心领神会,致使学问大进。29岁时,充任兵部尚书孙承宗幕佐,跟从巡辅理辽阳、广宁军务,立有功绩,历任提督大将军。崇祯元年(1628年),崇祯皇帝借口军士哗变,将茅元仪罢官,遣戍漳浦。后来因边事急迫,请求招募敢死之士勤王,又为奸人所忌,遂悲愤纵酒而卒,享年45岁。在明朝末年,茅元仪见国内大乱,后金屡犯边境,而将不知兵,士不习战,武经谋韬不讲,军械兵器不修。知天下将乱,国事危急,于是广为搜求兵韬将略、攻守器械、战阵练制、天地占度之方,以振军事之衰微。凡将帅必所知者,兵弁必所

杭州西湖岸边的岳飞墓

备者，分类排比，求为集兵家之大成。历时15年，编成此书。当时茅元仪年仅20余岁。由于其才华出众，深获孙承宗的欣赏，因此才聘其为幕佐。

《武备志》初刻于天启元年（1621年），清道光元年（1821年）重刊。清朝自入关以后，禁毁违碍书籍，而《武备志》书中涉及明朝辽东战事，也在被禁之列。乾隆年间（1736—1760年）编辑《四库全书》时，各省采进书中有两部《武备志》，但四库全书并未著录，可见其禁毁书籍之多。此书仅见《明史·艺文志》著录，传世者甚少。

《火龙经》 又名《火龙经全集》《火攻备要》，是明代关于火药、火器技术的兵书。旧题汉诸葛武侯著，显然是伪托。因为那时只有草木火攻，火药和火器尚未出现。全书杂抄《火龙神器阵法》《登坛必究》《武备志》《兵法百战经》等兵书中的有关内容汇集而成。卷前序言即是《火龙神器阵法》的《授书序》。本书中的"火攻总说"，称"东宁伯曰"，实际是《登坛必究》中的"辑火器略说"。既伪托诸葛亮著，又有收录焦玉的序，做法甚为笨拙。

继本书之后，又有人编辑《火龙经二集》《火龙经三集》，二集卷前有毛希秉崇祯五年（1632年）序，三集卷前有诸葛光荣崇祯甲申（1644年）序，据此推知，《火龙经》约成书于崇祯五年之前，《武备志》刻成之后，即在明天启至崇祯年间。

《火龙经》共分3卷，上卷除"火攻总说"和"选用火兵诸法要诀"外，主要辑录火药配方，共26种，即神火药、毒火药、烈火药、飞火药、法火药、烟火药、逆风火药、飞空火药、日起火药、夜起火药、喷火药、

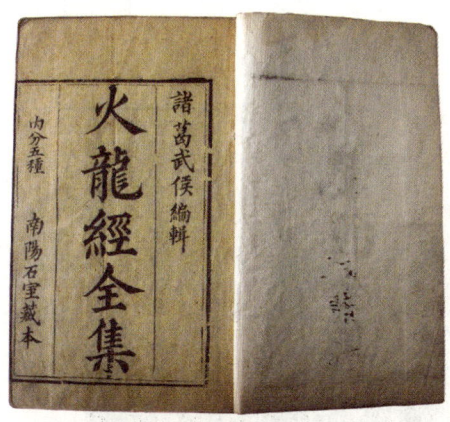

《火龙经》（相传诸葛亮编辑，明刘基校，南阳石室藏本）

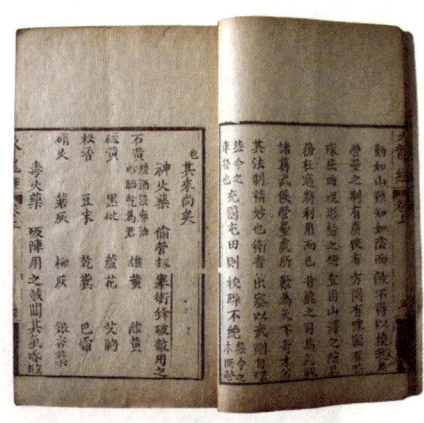

《火龙经》中关于神火药的配制方

爆火药、炮火药、水火药、火弹药、五里雾、迢魂雾、烟球毒药、神火、神烟、结烟、青烟、红烟、紫烟、白烟、黑烟。中卷和下卷为"火器图说",将火器分为炮类、铳类、箭类、器械类、喷筒类、牌类、球类、杂品类、禽兽类、水具类、地伏类,后附"万弩齐发说""轮流发弩式"。共辑录各类火器62种,附图62幅。这些药方和火器在《火龙神器阵法》《登坛必究》《武备志》等兵书中大都有记载,此书所记火药、火器较之上述诸书为略,如火药配方大都不记每料的数量。

《火龙经二集》共3卷,卷上收录了《武备志·军资乘》中的"用火器法",共7篇,其中4篇出自《火龙神器阵法》,即火攻风候、火攻地利、火攻器宜、火攻兵戒,另3篇是教演火攻、制火器具、火器试验。"火攻风候"还从其他书中辑录了一些占风云的内容,有古代预测风雨的经验之谈,也有阴阳诡诞之说。卷中和卷下为火器图说,其类目有炮类、车炮类、铳类、箭类、器械类、喷筒类、牌类、球类、砖弹鹞炬葫芦类、杂器类、兽类、车类、水具类、地伏类。从《武备志》等书中辑录了《火龙经》没有辑录的40种火器,附图40幅。卷前毛希秉作序时间为明崇祯五年,说明本书成书于崇祯初年。而书名页题刘伯温增辑、卷端题明伯温刘基补著,显然又是伪托,似由毛希秉汇辑成书。

《火龙经三集》2卷,书名页题诸葛光荣辑,卷首则题明茅元仪汇集,琅玡诸葛光荣校。从编纂质量上看,比较低劣,不像出自茅元仪那样的大手笔,况且茅元仪也不会把王鸣鹤的东西改为自己的,所以本书辑者应是诸葛光荣。本书主要从《登坛必究》《武编》等兵书中辑录了有关火器的论述及制造方法,卷上有"登坛必究""火攻略论",下卷有"辑西洋神器说""西洋神器诸法"。"辑火攻说"本为王鸣鹤所作,本书

清人绘诸葛亮南征图局部

改为"茅元仪曰","西洋神器诸法"中杂有弓说、披背筋法、漆弓法、裹弓法、熔弓法、熔弓火候、箭说、造伏弩法等有关冷兵器的相关内容。

《火龙经》及其《火龙经二集》《火龙经三集》虽然是伪托之作，又是辑录成书，但它们把散见诸书的有关古代火药、火器的资料汇辑起来，分类编成火器专书，亦是难能可贵的，促进了古代军事技术的传播，因此在清代曾经多有刊行，在军事科技史上产生了一定影响。

《纪效新书》 明代戚继光著。戚继光（1528—1587年），字元敬，号南塘，山东蓬莱人，明代著名军事家、抗倭名将。《纪效新书》是戚继光在东南沿海平倭战争期间练兵和治军经验的总结。

《纪效新书》18卷，卷首1卷。此书"乃集所练士卒条目"汇辑而成，类似军中各种条例条令的汇编。在这些条款中，比较充分地反映了戚继光在东南沿海抗倭时练兵、作战的思想。他针对当时"浙兵"腐败、战斗力低下的状况，首先强调要从严治军，提出了创立兵营、选兵、练兵的三步曲，并制定了整顿军队的相关措施。《纪效新书》特别重视选兵，开篇第一句话就是"兵之贵选"，认为选兵"其法惟在精"，反对"用城市游滑之人""奸巧之人"，主张用"乡野老实之人"。对于选兵的具体标准，认为"丰伟""武艺""力大""伶俐"4条既不可废，亦不可专恃。在练兵方面，《纪效新书》特别强调按实战要求从难从严训练，反对只图好看的花架子。并批评不按实战要求的训练方法是"虚套"。他还认为，训练毕竟与实战有所差别，平日十分武艺，临时如用得五分，便可成功。

《纪效新书》要求将帅不仅要有带兵制敌的文韬武略，而且要精通各种技艺，要做士卒的表率；不仅战时与士卒患难与共，而且平时也要处处与士卒同甘共苦。指出"为将之道，所谓身先士卒者，非独临阵身先，件件苦处，要当身先。所谓同滋味者，非独患难时同滋味，平处时亦要同滋味，而况技艺岂可独使士卒该习，主将不屑习乎？"他还特别强调赏罚在治军中

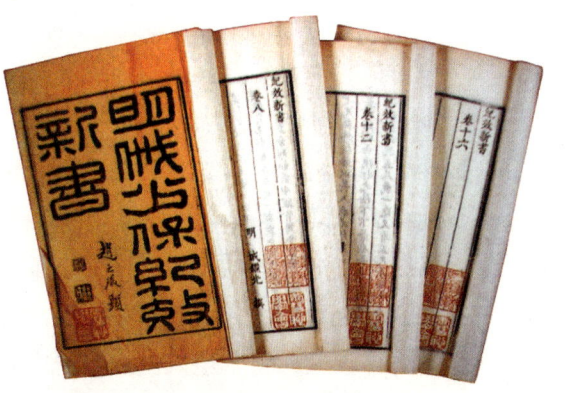

《纪效新书》（明戚继光著，清刻本）

的作用,主张赏罚要公正,赏不避仇,罚不避亲。戚继光言行一致,带头执法,后来以临阵回顾,斩其长子。书中还制定了许多具体的训练纪律,各项赏格罚条、连坐法等。此书还非常重视兵器在战争中的作用,认为"器械不利,以卒予敌也;手无搏杀之力,徒驱之以刑,是鱼肉乎吾士也。"书中以大量篇幅记述了各种兵器的制造、形制、样式、作用、习法等。并对长短兵器的使用进行了较为深入的探讨,主张长兵短用,短兵长用,即用长兵器要在较近的有效距离攻击;短兵则先用标枪袭敌,然后乘敌躲闪之机杀人。

《纪效新书》是明代著名的兵书,它出于抗倭名将之手,所述内容具体实用,既是抗倭中练兵实战的经验总结,又反映了明代训练和作战的特点,尤其是反映了火器发展到一定阶段上作战形式的变化,具有较高的军事学术价值。

《读史兵略》 原题清代胡林翼撰,是一部辑录体编年战争史。胡林翼(1812—1861年),字贶生,号润芝,益阳(今属湖南)人。清道光进士,曾授编修。道光三十年(1850年)任贵州镇远知府,镇压苗民和李元发起义,制定保甲团练条约。第二年补黎平知府。咸丰三年(1853年)镇压瓮安椰军斗争。咸丰四年(1854年)补贵东道员,率地主团练镇压太平军。同年升任四川按察使,调任湖北,后任巡抚、太子太保。他的后半生主要是在与太平军的作战中度过的,1861年在武昌呕血而死。

《读史兵略》(清胡林翼纂,咸丰十一年刻本)

由于胡林翼从1854年始,一直到死,始终在镇压太平军的第一线,故无暇编纂《读史兵略》这样大部头的兵书。学术界普遍认为《读史兵略》是胡林翼召集幕僚汪士铎等编纂的。汪士铎,原名鏊,字振庵,别字晋侯、梅村,江苏江宁(今南京)人,清道光举人。咸丰三年(1853年)太平军占领南京后,逃至皖南绩溪,居山间5年,讲读不辍。胡林翼遣人将其迎入湖北,研究政事得失,从《左传》《通鉴》中辑录有关兵略的内容,编纂成《读史兵略》。汪士铎为总编辑,分辑者还有胡兆春、张裕钊、莫友芝、丁取忠、张华理等人。

《读史兵略》始编于咸丰九年（1859年）二月一日，完成于咸丰十年（1860年）十二月十二日。于咸丰十一年（1861年）由武昌官署刊行。全书46卷，续编10卷，系胡林翼死后刻印。与其他兵略类兵书相比，《读史兵略》具有以下特点。一，以年系史。全书以所记战争的朝代及年号为标目，以时间先后编排战争史料。以往兵略类兵书除茅元仪《战略考》外，多以类书体裁汇集战史资料，或以兵法区别义类，或以己意论列得失，《战略考》虽按时间先后编纂史料，但不标具体年代，更不如《读史兵略》翔实。二，选材以知兵略为标准。凡以谋略制胜，即使没有战场争斗，也一概收录；有的虽然有战事记载，但无谋略可言，亦不收录。三，以战史为经，以地理为纬。作者认为以兵略为本，而兵略以地理为要。所以对战争发生的地点详加考订，引用前人如胡三省等人的研究成果，进行注释，尤其对古今地名的对比注释比同时代他书更为精详。四，评论得失，鲜明而深刻。该书对一般战例只注地理，不作评论，而对于远略奇谋，往往用一句简练的话进行评论，言简意赅。

《读史兵略》虽然系从史书中辑录有关战史资料而成，议论亦不很多，但该书以战争与地理互为经纬，颇具特色。古代像这样以年系史的专门战争编年史还不多见，在清末有一定影响，曾多次刊印。

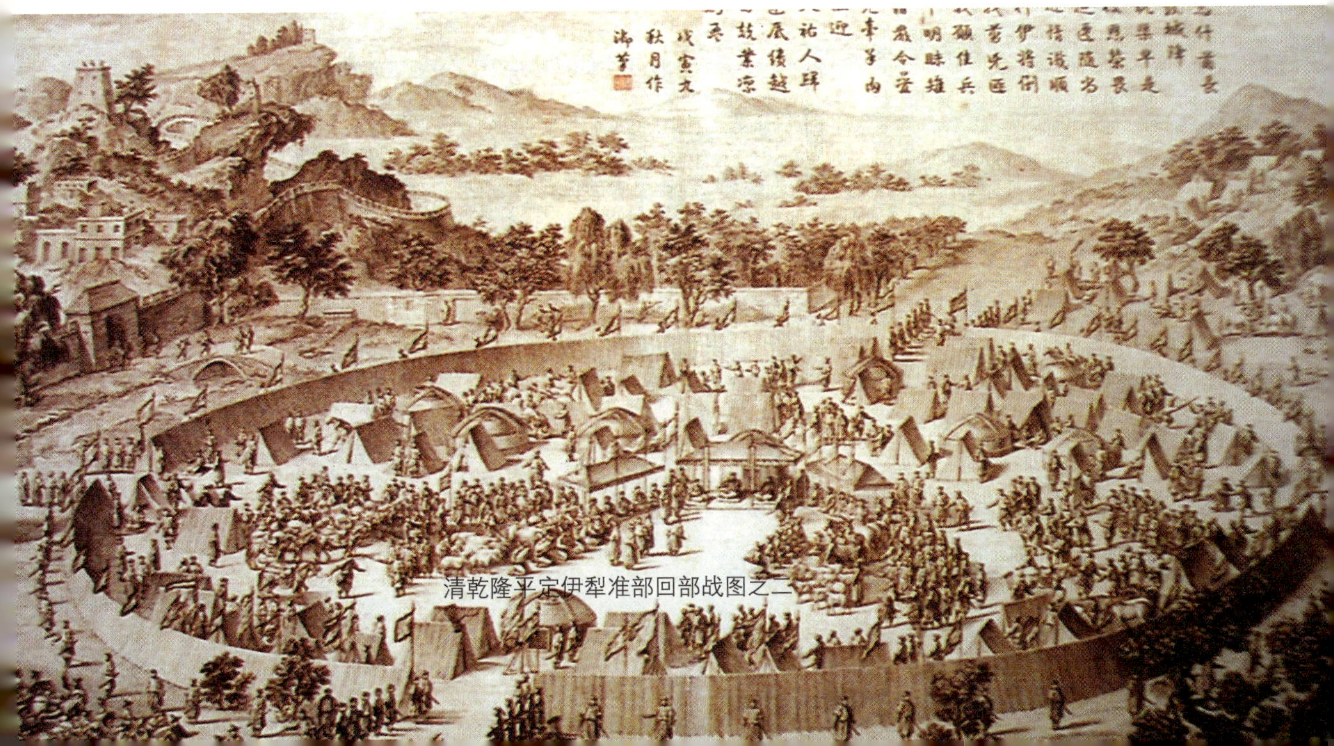

清乾隆平定伊犁准部回部战图之一

外国兵书的引进

清朝自鸦片战争以来，内忧外患，战争连绵不断，为了抵御外患，巩固统治，在军事领域，无论是武器装备、编制体制、战略战术，还是国防建设等方面，以前所未有的速度除旧布新，向前发展。与此同时，兵学著作在内容、数量、种类方面也随之发生了很大的变化。我国兵学家们逐步接受西方的某些学说，将兵学分成若干学科，大量地翻译出版西方兵学著作。如武昌质学会刻刊的《战法学》（1897年），北洋武备研究所编印的《军器学》《防守学》《测绘学》《炮学》《军刀操法》等。反映了清朝后期兵学研究向多方向、多学科发展的趋势。其中比较著名的当属洋务派人物张之洞所编的《西洋兵书十种》，此书由江南制造总局刊印，分上下两函，分别题"西洋兵书五种"和"西洋兵书后五种"，现合而统称为"西洋兵书十种"，分别介绍如下：

《克虏伯炮说》4卷、操法4卷、炮表4卷、图

《西洋兵书五种》（江南制造局印本）

《克虏伯炮说》（江南制造局印本）

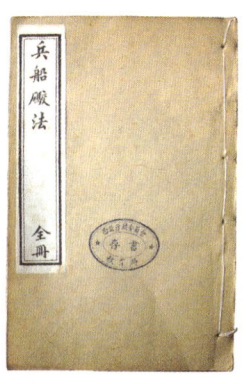
《兵船炮法》（江南制造局印本）

35幅。此书为普鲁士军政局编，金楷理译，李凤苞笔述，胡树荣校对，上海江南制造局1874年版。

《兵船炮法》6卷、图180幅。此书为美国水师书院编，金楷理译，朱恩锡笔述，李凤苞校对，上海江南制造局1875年版。

《营城揭要》2卷、图50幅。英国储意比著，傅兰雅译，徐寿笔述，上海江南制造局1876年版。

《水雷秘要》5卷、图224幅。英国史理孟著，舒高第译，郑昌笔述，上海江南制造局1880年版。

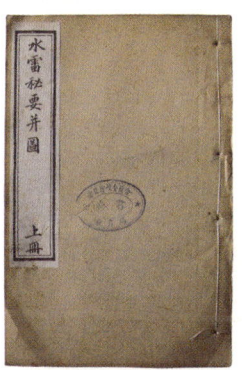
《营城揭要》（江南制造局印本）　　《水雷秘要》（江南制造局印本）

清代浙江镇海安远炮台遗址

《水师操练》18卷、首1卷、附1卷、图11幅。英国战船部编，傅兰雅译，徐建寅笔述，上海江南制造局1874年版。

《开地道轰药法》3卷、图114幅。英国武备工程学堂编，傅兰雅译，汪振声笔述，上海江南制造局1893年版。

《御风要术》3卷、图51幅。英国白尔特著，金楷理译，华蘅芳笔述，江衡校对，上海江南制造局1873年版。

《行军测绘》10卷、首1卷、图259幅。英国连提著，傅兰雅口译，赵元益笔述，沈善蒸校，上海江南制造局1874年版。

《海军调度要言》3卷、图40幅。英国努核甫著，舒高第译，郑昌笔述，上海江南制造局1890年版。

《防海新论》18卷、图95幅。普鲁士希理哈著，傅兰雅译，华蘅芳笔述，江衡校对，上海江南制造局1873年版。

以上这些引进的外国军事著作的翻译者，其中多为外国传教士，当

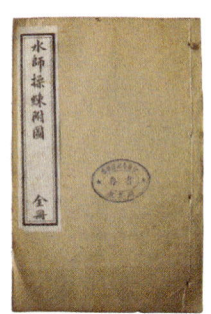
《水师操练》（江南制造局印本）

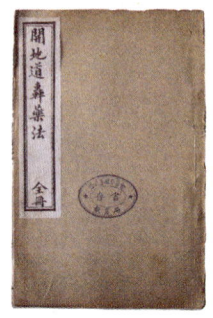
《开地道轰药法》（江南制造局印本）

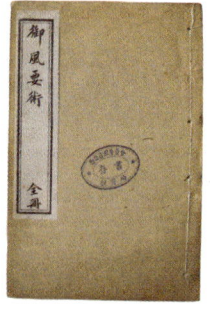
《御风要术》（江南制造局印本）

《行军测绘》（江南制造局印本）

《海军调度要言》（江南制造局印本）

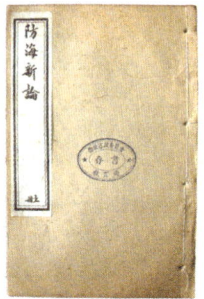
《防海新论》（江南制造局印本）

《外国师船图表》（光绪上海蜚英馆石印本）

然也有洋务运动中的中国科学家，出于振兴中华、富国强兵的理想，积极投身到翻译和介绍外国兵学著作的工作中去。他们的这些工作对加强中国国防、海防，促进中国兵学的发展起到了一定的积极作用。在这一时期中国还引进了其他一些外国军事著作，其中比较重要的有：

《列国陆军制》1卷，美国欧泼登著，林乐知译；《英国水师考》1卷，英国巴那比、美国克理著，傅兰雅译；《俄国水师考》1卷，英国百拉西著，傅兰雅译；《法国水师考》1卷，英国杜默能著，罗亨利译；《西国陆军制考略》8卷，英国柯里著，傅兰雅译；《德国陆军考》4卷，英国欧盟著，吴宗濂译；《水师章程》14卷、续6卷，英国水师兵部编，林乐知译；《行军指要》6卷，英国哈密著，金楷理译；《格林炮操法》1卷，美国富兰克林著，傅兰雅译；《克虏伯炮弹造法》2卷、附图、附饼药造法，普鲁士军政局编，金楷理译等。此外，上海蜚英馆还在光绪年间编印出版了《外国师船图表》等书。

这些书多由上海江南制造局的译书馆组织翻译并出版，这个机构由我国科学家徐寿、华衡芳建议，于1867年创办。初时因为我国翻译人才

第二次鸦片战争中的八里桥之战图

鸦片战争中清军与英军作战图

清军平定台湾战图——进攻斗六门

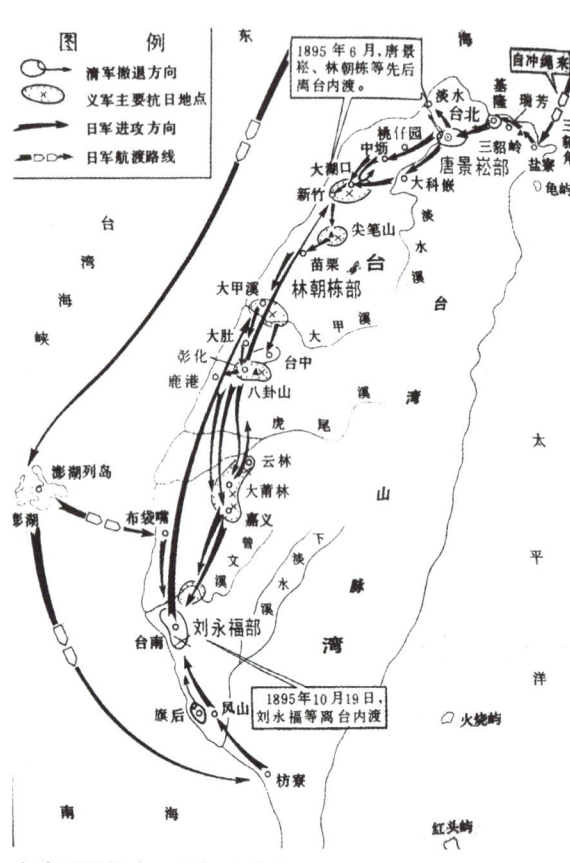
台湾军民抗击日军侵略作战示意图

缺乏，故聘请来华的外国传教士傅兰雅、金楷理等人协助工作，他们由于懂得中文，又精通外文，是当时的最佳人选。至1907年时，共翻译西文书籍160余部，其中属于军事的书籍有三四十部。除了江南制造局译书馆外，这个时期积极承担翻译并出版西方军事书籍的还有天津机器局、京师同文馆、广学会、天津水师学堂、淮军天津军械所等机构。这些外国军事书籍的翻译出版，极大地改变了我国军事教育、军队训练、兵器制造的现状。以往的武举制度从形式到内容被全面地否定并摒弃，各地新开办的武备学堂及后来的军校，先后学习的是张之洞的《西洋兵书十种》，沈叙和的《自强军西法类编》以及这些新翻译的西方书籍，它们极大地促进了中国近代军事的发展与变化。

参考书目

蓝永蔚. 五千年征战中国军事史 [M]. 上海：华东师大出版社，2001.

姜鸣. 中国近代海军史事日志 [M]. 北京：三联书店，1994.

郭物. 中国古代战车战马 [M]. 成都：四川人民出版社，2004.

周纬. 中国兵器史稿 [M]. 北京：三联书店，1957.

王兆春. 中国火器史 [M]. 北京：军事科学出版社，1991.

中国军事博物馆. 中国军事博物馆 [M]. 北京：华侨出版社，1991.

刘旭. 中国古代兵器图册 [M]. 北京：书目文献出版社，1986.

刘秋霖，刘健，王亚彩，等. 中国古代兵器图说 [M]. 天津：天津古籍出版社，2003.

中国人民解放军军事科学院. 中国军事通史 [M]. 北京：军事科学出版社，1998.

中国古代兵器编纂委员会. 中国古代兵器 [M]. 西安：陕西人民出版社，1995.

刘永华. 中国古代车舆与马具 [M]. 上海：上海辞书出版社，2002.

赵海明. 中国古代发明图话 [M]. 北京：北京图书馆出版社，1999.

中国第二历史档案馆. 民国军服志 [M]. 上海：上海书店出版社，2003.

上海戏曲学校中国服饰史研究组. 中国历代服饰 [M]. 上海：学林出版社，1997.

吴高彬.义乌文物精华[M].北京：文物出版社，2003.

安阳市文管局.安阳文物精华[M].北京：文物出版社，2004.

南京博物馆.六朝风采[M].北京：文物出版社，2004.

故宫博物院.故宫博物院历代艺术馆陈列品图目[M].北京：文物出版社，1991.

浙江省考古所.浙江考古精华[M].北京：文物出版社，1999.

邹文.收藏秘要[M].北京：红旗出版社，1999.

北京文物精粹大系编委会.北京文物精粹大系：青铜器卷[M].北京：北京出版社，2002.

旅顺博物馆.旅顺博物馆[M].北京：文物出版社，2004.

李西兴.陕西青铜器[M].西安：陕西人民美术出版社，1994.

中国历史博物馆.中国通史陈列[M].北京：朝华出版社，1998.

国家文物局.2002年中国重要考古发现[M].文物出版社，2003.

陈高华，徐吉军.中国服饰通史[M].宁波：宁波出版社，2002.

中华古文明大图集编辑委员会.中华古文明大眼[M].北京：人民日报出版社，1992.

宋正海.图说中国古代科技成就[M].杭州：浙江教育出版社，2000.

李约瑟.中国科学技术史：第五卷[M].北京：科学出版社，2005.

宿白.中华人民共和国重大考古发现[M].北京：文物出版社，1999.

沈从文.中国历代服饰研究[M].上海：上海书店出版社，2002.

梅宁华.北京文物精粹大系：金银器卷[M].北京：北京出版社，2004.

朱家潜.国宝[M].香港：商务印书馆香港分馆，1983.

长安博物馆.长安瑰宝[M].西安：世界图书出版公司西安公司，2002.

新疆维吾尔自治区博物馆.新疆出土文物[M].北京：文物出版社，1975.

熊治祁.中国近现代名人图鉴[M].长沙：湖南人民出版社，2002.

韩伟.海内外唐代金银器萃[M].西安：三秦出版社，1989.